KATRIN SCHÄDER

Föhnfrisur UND BANDSALAT

Babyboomer-Geschichten aus
den 70ern, 80ern und von heute

SCM

Stiftung Christliche Medien

Der SCM-Verlag ist eine Gesellschaft der Stiftung Christliche Medien, einer gemeinnützigen Stiftung, die sich für die Förderung und Verbreitung christlicher Bücher, Zeitschriften, Filme und Musik einsetzt.

Dieses Werk einschließlich aller seiner Teile ist urheberrechtlich geschützt. Jede Verwendung außerhalb der engen Grenzen des Urheberrechtsgesetzes ist ohne vorherige schriftliche Einwilligung des Verlages unzulässig und strafbar. Das gilt insbesondere für Vervielfältigungen, Übersetzungen und die Einspeicherung und Verarbeitung in elektronischen Systemen.

© 2014 SCM Collection im SCM-Verlag GmbH & Co. KG
Bodenborn 43 | 58452 Witten
Internet: www.scmedien.de; E-Mail: info@scm-collection.de

Umschlaggestaltung: Johannes Schermuly, Wuppertal
Titelillustration: shutterstock
Druck und Bindung: Finidr, s.r.o.
Gedruckt in Tschechien
ISBN 978-3-7893-9735-6
Bestell-Nr. 629.735

Vorworte werden völlig überbewertet

Oder mögen Sie etwa diese ewig langen Erklärungen, die Ihnen in epischer Breite darlegen, warum Ihnen die Autorin oder der Autor ihre Epistel aufzudrängen versuchen? Ach was, erzählen Sie mir doch nichts!

Ha! Sehen Sie? Und trotzdem haben Sie gerade eine davon geschluckt.

Ja, gut. Ich hätte auch einen Promi bitten können, meine Geschichten einzuleiten. Promis zieren bekanntlich ungemein. Deren Worte klingen schöner, weiser und vor allem berühmter. Ich hätte die/den Prominenten bitten können, Sie zu überreden, mir zuzuhören. Ihnen ein bisschen den Mund wässrig zu machen und dann Honig um denselben zu schmieren. So in der Art von „Sie sind ein dolles Publikum!" Wären meine Geschichten dadurch anders (oder – kaum auszuhalten – gar besser)? Nein, wären sie nicht. Persönliche Geschichte lässt sich nicht adoptieren.

Nein, ich mag keine Vorworte. Ich liebe Geschichten, in die man gleich mit beiden Füßen hineinspringen kann wie ein Kind in eine Pfütze. Ohne langes Vorgeplänkel. Und – ja, ich gestehe: Ich bin eine leidenschaftliche Geschichten-Liebhaberin. War ich schon immer. Schon als Kleinkind musste mir meine arme Omi Nachmittage lang Geschichten vorlesen. Immer dieselben, und auch ab und zu eine neue. Wenn sie gut war. Wenn sie, die Omi, dabei einschlief und ihr die Brille von der Nase rutschte, rempelte ich sie so lange erbarmungslos mit dem Ellbogen an, bis sie weiterlas. Entschuldige bitte nachträglich, liebe Omi!

Die folgenden Seiten enthalten Geschichten. Viele. Jede Menge. Solche und andere. Eigene und fremde. Große und kleine. Manche gehören zur großen Weltgeschichte und manche nur zu meiner eigenen kleinen. Manche zur mächtigen Fraktion der Babyboomer, also der Jahrgänge 1964 bis 1967, und manche reichen darüber hinaus – nach oben und nach unten.

Ich liebe es, sie zu erzählen – und habe beim Aufschreiben viel gelacht und auch ein bisschen geweint. Daran, dass ich mich mitunter zu wiederholen beginne, erkenne ich mit Schrecken, dass ich alt werde. Aber … nur vielleicht. Na ja gut, ein bisschen.

Und – ja: Das ist das Gute an Geschichten. Ich werde irgendwann weg sein. Die Geschichten nicht. Jedenfalls wünsche ich mir das.

In diesem Sinne: Springen Sie mit? Die nächste Geschichten-Pfütze wartet.

Ihre Katrin Schäder,
geborene Paaaaaauuuuul (siehe Seite 7)

Vorfahren und Fortfahren

Erich Kästner machte es schlau. Er nannte seine Geschichte „Als ich ein kleiner Junge war" und fing bei ganz anderen Leuten an. Mit Menschen, die er nie gesehen hatte und nie gesehen haben konnte. Mit Menschen, die er gar nicht wirklich kannte. Und kam zu dem Schluss: „Wer von sich selber zu erzählen beginnt, beginnt meist mit seinen Vorfahren …"

Tja, da habe ich jetzt ganz schlechte Karten. Erstens war ich niemals ein kleiner Junge. Sondern ein kleines Mädchen. Aber auch nicht lange, denn ich wuchs schneller als die anderen und war meistens das größte der kleinen Mädchen (immerhin!). Das erinnert mich an den dummen DDR-Witz „Unsere Mikroelektronik ist die größte der Welt!" Mmhm. Da kommt was auf Sie zu! Denn ich kann nicht versprechen, dass das der letzte Witz in diesem Buch war. Ich sage das nur, damit Sie nicht zu überrascht sind. Genau genommen kommt es sogar doppelt auf Sie zu, denn auch mein Ehegatte hat ein Faible für gute Sprüche, und mit unserer Hochzeit haben wir nicht nur unsere Habseligkeiten, sondern auch unsere Spruch-Sammlung zusammengelegt (ein guter Teil stammt aus „Die Zwei" mit Roger Moore und Tony Curtis, wie wir feststellten …). Unsere Spezialität ist es, im Bruchteil einer Sekunde genau das Gleiche zu kalauern. Das soll uns erst einmal jemand nachmachen!

Und was die Vorfahren angeht … Ja, da kann ich nicht mit allzu viel Historie dienen. Ich habe zwar neulich erfahren, dass sich zumindest eine Linie meiner Vorfahren bis ins 16. Jahrhundert zurückverfolgen lässt. Aber von den einen weiß ich wenig und von den anderen gar nix. Das gibt ein unausgewogenes Bild, und deshalb lasse ich die Alten in Frieden ruhen und gehe meine eigenen Wege.

In jeder Hinsicht. Erstens bin ich im Gegensatz zu meinen Ahnen von Beruf kein Optiker geworden, sondern habe von jeher mit Büchern zu tun – mal so, mal so. Und zweitens lebe ich nicht mehr da, wo meine Wiege stand. Das lässt, wenn schon nicht auf Weisheit, so doch auf einen gewissen Eigensinn schließen.

Apropos Eigensinn: Ich kann mir (und Ihnen) nicht helfen – diese Geschichte ist wie ein Hefekuchen. Eigentlich sollte der Teig auf ein Blech passen. Doch nun wird er immer mehr und mehr und mehr, mein Teig aus Erinnerungen. Läuft hier über den Rand hinaus, ist an der einen Stelle dünner und an anderer dicker und dehnt und dehnt sich. Darf ich Sie einfach – oder trotzdem – einladen, mich zu begleiten? Ja? Schön, ich freue mich! Sie werden es nicht bereuen. Das hoffe ich zumindest. Denn ich glaube zuversichtlich, dass Sie ganz viele „Genau so war und/oder ist es!"-Erfahrungen erwarten. Und wir gemeinsam – nicht nur, aber auch – was zu lachen haben werden.

Ein bisschen unvorsichtig sind Sie ja. Sie wissen schließlich noch gar nicht, wohin Sie mich begleiten. Und das sollte man doch wohl wissen, bevor man aufbricht. Also, was meinen Sie? Ins Kino? Ins Internetcafé? Zum Shoppen (früher hieß das Einkaufsbummel – naja ...). Wäre auch ganz nett, aber nein. Nein, es geht ins Paradies. Und wenn Sie jetzt spontan an jede Menge Tiere, an Grünzeug, Obst und einen großen Garten denken, sind Sie schon näher dran, als Sie vielleicht ahnen. Es geht ins Paradies der Kindheitserinnerungen. Und Erinnerungen sind – das meint zumindest Jean Paul, und der muss es wissen – das einzige Paradies, aus dem wir nicht vertrieben werden können. Übrigens hieß ich früher auch Paul (allerdings mit Nachnamen. Verzeihung, aber diesen Gag erwartet man an der Stelle von mir, also muss ich ihn auch bringen!). Eckes, ein Arbeitskollege, der mich länger als die Meisten kennt, brüllt immer noch „Paaaaaauuuuul!", wenn er mich am anderen Ende des langen Korridors erblickt. Und recht hat er. Halten wir also fest: Wir Pauls wissen Bescheid, wenn es um Erinnerungen geht. Und was Paradiese angeht, auch. Also – kommen Sie mit? Dann los!

Geografie und Lederhose

Bevor wir die Tür zum Paradies jedoch öffnen können, müssen wir noch ein paar Kilometer zurücklegen. In diesem Falle nicht himmelwärts, sondern nur gedanklich und auf der Landkarte. Oder meinethalben auch per „Google Earth", das steht Ihnen frei. Während ich diese Zeilen schreibe, sind wir jedenfalls noch sechshundert Kilometer von meinem ehemaligen Paradies entfernt. Ich sitze hier im Ruhrgebiet – nein, Entschuldigung! – im Niederbergischen Land, unmittelbar an der Grenze von Rheinland und Westfalen. Diese Grenze verläuft de facto über meine Füße quer durch mein Wohnzimmer. Wir müssen aber ins Vogtland. Wo das ist? Wenn ich gemein wäre, würde ich sagen: Schauen Sie mal in den Wetterbericht. „Im Rheinland 15 Grad, 4 Grad im Vogtland." Brrr! Meine Mutter handelte, wenn Sie mich hier besuchte, immer nach dem „Zwiebelschalen-Prinzip" – und zog auf ihrer zehnstündigen Bahnfahrt quer durch Deutschland ein Kleidungsstück nach dem anderen aus. (Keine Angst – wir kannten und kennen unsere Grenzen!) Wenn sie – ein oder zwei Tage vor Weihnachten – hier aus dem Zug kletterte, seufzte sie immer dasselbe: „Meine Güte, ich bin ja in den Frühling gefahren!"

Doch davon wissen Sie vermutlich immer noch nicht, wo sich dieses sibirische Vogtland befindet.

Mein Opa ist übrigens kurz vor Kriegsende mit einigen Kameraden vom Rheinland aus (also beinahe von hier!) losgelaufen und genau dahin zu Fuß gegangen. Er kam – zwar krank und unterernährt, aber immerhin lebendig – tatsächlich an. Eine Bravourleistung, die ich ihm weder nachmachen kann noch will. Aber das ist eine andere lange und überhaupt nicht lustige Geschichte. Vielleicht später … Wenden wir uns für heute von der kriegerischen Historie ab und wieder der meist friedlicheren Erdkunde zu.

Also – das Vogtland ist, so lehrt es das Geografiebuch, eine Region, wo einiges aufeinandertrifft, nämlich zunächst jede Menge Länder. Bayern, Sachsen, Thüringen und das böhmische Egerland. Es gibt also bayrische, thüringische, sächsische und böhmische Vogtländer. Was für ein Gedränge! Außerdem trifft hier auch tektonisch einiges aufeinander, weswegen es öfters zu so genannten „Schwarmbeben" kommt, also vielen kleinen Erdbeben, die sich allein nicht trauen. Zum Glück für die Vogtländer reagiert sich die Erde auf diese Weise ab, sodass ein großes Beben nahezu ausgeschlossen ist. So ähnlich wie in einer Ehe: Die Lösung vieler kleiner Konflikte verhindert den großen …

Meine Güte, ich muss mich kürzer fassen, sonst kommen wir nie im Paradies an. Also geben wir ein bisschen Gas, natürlich nur gedanklich: Wir verlassen das Ruhrgebiet, reisen durch die Soester Börde auf

Kassel zu, das wir links liegen lassen, wenden uns nach Osten, passieren die ehemalige Grenze (und kriegen dabei immer noch eine Gänsehaut), grüßen nach rechts zur Wartburg hinüber, fragen uns jedes Mal wieder, welche von den vielen Thüringer Burgen rechts und links denn nun zu den „Drei Gleichen" gehören, und wenden uns hinter Jena am Hermsdorfer Kreuz gen Bayern, wo wir aber nicht angekommen, da wir zuvor in Richtung Sachsen abgebogen sind. Noch ein paar Kilometer „über Land", und schon sind wir beinahe da. Übrigens kann man auf dem letzten Teil der Strecke tatsächlich „Lederhose" passieren, was meinen besagten Opa immer unendlich amüsierte. Er stellte sich jedes Mal bildlich vor, zum einen Hosenbein herein- und zum anderen herauszufahren. Ob mich diese Vorstellung auch heute noch fasziniert? Öhm … ich weiß nicht. Als Kind fand ich sie jedenfalls sehr lustig …

Spielanzug und Wachstumsschübe

Jetzt müssen wir nur noch in die Vergangenheit, zumindest teilweise. Das kann ja für solch geübte Gedankenreisende, wie wir es mittlerweile sind, nicht mehr so schwer sein, oder? Stellen wir auf unserer Zeitreise-Uhr „vierzig Jahre rückwärts" ein und – hui!

Da haben Sie mich: lange dicke, blonde Zöpfe, Ringelsöckchen, rot-weiße Sandalen (soweit ich mich erinnere … im Gegensatz zu den Fotos aus der Zeit sind meine Erinnerungen nämlich in Farbe!) und ein unaussprechlicher – ja, was? Ich glaube, das nannte man „Spielanzug". Wild schwarz-weiß kariert, ärmelloses Oberteil, kurzes Pluderhöschen. Der Gummizug am Bein kniff ganz entsetzlich und leistete immer dann erheblichen Widerstand, wenn man im Eifer des Gefechts – sprich des Spiels – bis zuletzt gewartet hatte und dann ganz, ganz schnell „mal musste". Heute würde kein Kind von Welt so zum Ballett oder Reiten gehen. Oder auch nur in den Sandkasten. Nun denn, all das gab es für mich nicht – ich hatte Besseres: mein Paradies! Wo ich mich ungestraft mit besagtem Spielanzug sehen lassen konnte, ohne rot zu werden. Ja, ich wurde noch nicht einmal rosa!

Der Spielanzug wurde gebraucht, damit beispielsweise mein Kleiderrock nicht schmutzig wurde (weiß jemand noch, was das war? So etwas Ähnliches wie eine lange Weste, unter die man Bluse oder Pulli ziehen konnte). Meine Tante hatte mir das Prachtstück gestrickt – aus herrlicher blauer „Westwolle". Als ich ihn mit fünf Jahren bekam, war er mir natürlich zunächst viel zu groß. Doch bald schon passte er mir, der Kleiderrock. Ich schoss nämlich in die Höhe wie Spargel im Frühling. Und dann gab es das „Wollwunder", denn mein Kleiderrock „wuchs mit", wie meine Mutter das nannte. Nicht nur ich, nein, auch er wurde ständig größer. Beim Waschen zog sie ihn immer ein bisschen in die Länge. Tatsächlich gingen wir fünf Jahre später sogar noch zusammen in die Schule, der Kleiderrock und ich, und er setzte sich mit mir verschüchtert auf die Holzbank, ganz hinten in der „Fensterreihe".

Oh ja, dies ist im wahrsten Sinne eine „lange" Geschichte. Vielleicht nenne ich sie ja „fünf Jahre Rock" und bitte Thomas Gottschalk, sie zu moderieren? Aber nein, das ist dann doch zu albern. Und Spott hat er nun wirklich nicht verdient, mein treuer blauer Kleiderrock.

Schulbeginn und Scheidungswaisen

Oha, da sind wir schon? Das war jetzt aber eine Bruchlandung. Ich hatte doch geplant, ganz sanft über Greiz und Friesen nach Reichenbach hereinzukommen, vom Kriegsende zu erzählen und davon „wie der Reichenbacher Volkssturm die Waffen niederlegte und nach Hause ging".

Doch jetzt stehe ich mit Ihnen ziemlich unvermittelt vor meiner alten Schule. Na gut, ich bin ja flexibel (ehrlich, diese Geschichte macht, was sie will!). Der Bau selbst ist keine 60er-Jahre-Bausünde, sondern stammt aus der sogenannten Gründerzeit, Ende des 19. Jahrhunderts. Und er hatte, wie sich das damals gehörte, getrennte Eingänge. Für Mädels, für Jungs und für Lehrkörper. Wir kennen das aus der „Feuerzangenbowle" – aber die „kriejen wa später!" Wir mussten zwar in den ersten Schuljahren die Seiteneingänge benutzen, aber wenigstens nicht getrennt ... Durch welche Tür der damalige Lehrkörper die Schule betrat, ist zumindest mir nicht überliefert. Mittlerweile ist das Schulgebäude komplett umgebaut und modernisiert worden, und ich muss zweimal hinsehen, um etwas wiederzuerkennen.

Um es gleich vorwegzunehmen: Nein, meine Schulzeit war keine Katastrophe. Nein, nicht traumatisch, wie die des ansonsten von mir hoch verehrten Reinhard Meys. Ich ging in die Weinholdschule und lernte eine ganze Menge, was ich heute noch gut brauchen kann und was zu meiner eigenen Verwunderung immer noch da ist oder plötzlich und ohne Vorwarnung aus irgendeiner Schublade kriecht. Bis auf die Geschichte mit dem Rechenschieber. Die hätten wir uns – in Ost und West! – sparen können. Rechenschieber? Kennen Sie nicht mehr? Man könnte ihn beinahe den Vorläufer des Taschenrechners nennen. Also ein Werkzeug, mit dem man ausrechnet, was man nicht mehr selbst im Kopf schafft. Oho, wir haben ganz schön geschwitzt. Und leider – ich könnte es, selbst wenn ich wollte, nicht mehr erklären.

Oben und unten winzig kleine Zahlenskalen (die ich ohne Brille schon gar nicht mehr erkennen könnte!) und in der Mitte ein frei beweglicher Stab, den man nach Belieben und Rechenart nach links oder rechts schob. Und je nachdem, wie man die Bestandteile zueinander bewegte, bekam man ein Ergebnis. Ob das richtig oder falsch war – das konnte man nur mit dem berühmten „Überschlag" herausbekommen. Nein, keinen Salto vor Begeisterung, dass man's geschafft hatte. Sondern eben eine grob überschlagene Rechnung, was so in etwa herauskommen könnte. Hundert oder Tausend oder Zehntausend … Und wohin man dann eben das Komma zu setzen hatte. Den einen oder anderen Zeitgenossen hätte so ein Überschlag heute sicherlich vor Knast oder wenigstens öffentlicher Pleite bewahrt – oder auch vor dem Staatsbankrott. Aber lassen wir das …

Nein, meine Lehrer waren bis auf wenige Ausnahmen nicht fies und gemein, sondern zum allergrößten Teil fair und kompetent. Auch zu Christen. Wenigstens die meisten, und wenigstens zu mir. Das muss ich so sagen, denn es mag auch andere Erfahrungen geben. Und ja – meine Lehrer haben sich überwiegend alle redliche Mühe mit mir gegeben.

Na gut, ich war vielleicht auch nicht das, was man heute „Problemfall" nennen würde. Ich lernte gern und leicht und war, um wieder mal mit Erich Kästner zu sprechen, „ein patentierter Musterknabe".

Äh – ein Mustermädchen natürlich. Probleme gab es eher mit den Herren und Damen Mitschülern. Im Sommer 1972 hatten sich meine Eltern getrennt, im September kam ich in die Schule. Das war damals noch etwas anderes als heute. Patchworkfamilien gab es kaum, und wenn, dann hießen sie nicht so. Ich gehörte zur Generation der Babyboomer. Mit mir kamen etwa 120 andere kleine Reichenbacher in die Schule. In *meine* Schule, versteht sich. Drei Schulen gab es im Stadtgebiet. In meiner waren vier Klassen à 30 Schüler. In der 1b gab es drei Scheidungskinder, und eins davon war ich. Im Umgang mit Gleichaltrigen eher unbeholfen, weil Einzelkind und nicht im staatlichen Kindergarten groß geworden, sondern bei der klügsten und warmherzigsten Omi aller Zeiten, der Mutter meiner Mutter – aber eben weitestgehend ohne andere Kinder. Aufgrund des zeitnahen Abhandenkommens des Vaters war ich ausgerechnet beim Schulanfang furchtbar ängstlich, etwas falsch zu machen und zur Strafe verlassen zu werden. Und – um die Mixtur perfekt zu machen – auch mit gänzlich anderen Interessen und Vorlieben ausgerüstet als die Klassenkameraden.

Das konnte nicht gut gehen. Ging es auch nicht. Gut, meine ich. Aber es ging. Irgendwie. Wenn ich mir ein Foto aus dieser Zeit anschaue, erkenne ich mich allerdings selbst nicht. Da guckt ein Mädchen mit zwei dicken „Rattenschwänzen" (und dem unvermeidlichen blauen Kleiderrock, ja!) ausgesprochen selbstbewusst in die Kamera. Wie habe ich bloß diesen Blick hinbekommen? Keine Ahnung. Das muss mein ausgeprägter Hang zum Schauspielern gewesen sein. Zumute war mir jedenfalls anders. Da fällt mir gerade ein, dass neulich jemand zu mir sagte: „Na, mit dem Selbstbewusstsein hast Du ja wohl keine Probleme …" Höhöhö. Es funktioniert anscheinend immer noch!

Schulbankstress und Klassenarbeit

Da steht sie also, die Weinholdschule. Jetzt nennt sie sich „Grund- und Mittelschule". Als ich die Stufen zum Eingang erklomm, hieß sie POS. „Polytechnische Oberschule". Zehnklassig. Das war kein Ranking, sondern hieß, dass ich zehn Jahre lang mit den gleichen Nasen in eine Klasse ging. Naja, ein paar wenige Nasen wechselten. Zogen weg oder zu. Sitzenbleiben war nicht erwünscht, weil so was nicht zum verordneten Menschenbild passte. Da hatte es keine Loser zu geben. Und wenn es sie gab, wurden sie irgendwie mit durchgeschleust. Heutige Politiker hätten ihre Freude gehabt. Das war die konsequente Umsetzung ihres Slogans „Wir lassen kein Kind zurück". Genau. Um keinen Preis. Im Rückblick muss ich allerdings sagen: Geschadet hat es uns nicht. Denn wir waren zum Beispiel angehalten, „Lernpatenschaften" zu bilden. Was nichts anderes bedeutete, als: Die Begabten kümmern sich gefälligst nicht um ihre Karriere, sondern um die weniger Begabten oder einfach um die, die langsamer kapieren. Der Einzelne zählte nichts, das Kollektiv war alles. Naja, darüber wäre zu diskutieren gewesen. Aber sich um die Schwächeren zu kümmern, war im Grunde ein zutiefst christlicher Ansatz. So sah ich das jedenfalls. Also lernte ich nachmittags mit Christiane*. Erklärte langsam, wo die Lehrer am Morgen zu schnell gewesen waren, bis es bei ihr „klick" machte. Dabei merkte ich schnell, dass Menschen mit Herausforderungen ziemlich unterschiedlich umgehen. Wo ich mich freue, wenn am nächsten Tag eine Klassenarbeit anstand, und mit Wonne vor dem weißen Blatt saß (ja, Blatt! Papier! Nein, nicht Multiple Choice), wurde Christiane weiß wie eine Wand, und alles mühsam erworbene Wissen verschwand in eine Hirnschublade mit Vorhängeschloss. Und sie hatte

---

*Liebe Christiane, um Dir und allen anderen, die zwangsläufig in diesem Buch irgendwo vorkommen, Peinlichkeiten zu ersparen und mir Verleumdungsklagen, habe ich Deine/Eure Namen ein bisschen geändert. Ihr könnt also getrost alles abstreiten. Eure Cathrin. PS: Für alle Fälle: Ich bin sehr gut rechtsschutzversichert.

plötzlich den Schlüssel verloren. Das machte mich wahnsinnig. Sie wusste es doch! Ich wusste, dass sie es wusste! Aber die Lehrer und das weiße Blatt, die wussten es nicht. Was hätten Sie getan? Ich verrate Ihnen, was ich getan habe: Ich schrieb zwei Arbeiten (denn natürlich gab es dieses A- und B-System, damit nebeneinander Sitzende nicht abschreiben konnten). Nicht immer, aber oft genug schrieb ich Christianes Arbeit, dann meine eigene. Manchmal genügte auch nur ein kleiner „Schubs", damit ihre verklemmte Hirnschublade aufging. War das legal? Illegal? Mir war's ganz egal. Ich wollte nicht betrügen, sondern Christiane recht geschehen lassen. Sie hat ihren Weg gemacht, ich meinen. Sie ist keine Ministerin und ich bin's auch nicht. Wir haben beide keinen Doktortitel. Von daher kann es der Nachwelt und der versammelten Weltpresse sowieso wurscht sein.

Apropos sitzen bleiben: Diese elenden Holzbänke, an denen man sich ewig die Strümpfe zerriss und mit Wollpullis hängen blieb … Sie hatten oben noch Löcher für das Tintenfass (!) (übrigens ein prima Aufbewahrungsort für Bleistiftspitzabfälle und diverse Speisereste) und ihre Sitze klappten beim Aufstehen hoch wie im Kino – kennen Sie die noch? Ich glaube, ich gehöre zur letzten Generation, die die noch gesehen und be-sessen hat. Auf den hölzernen Schreibtischplatten hatten sich schon Generationen mit mehr oder weniger sinnhaften Sprüchen und

Inschriften, der puren Langeweile entsprungen, verewigt. Hin und wieder soll sogar eine echt ägyptische Hieroglyphe dabei gewesen sein ... Aber das ist bestimmt nur ein Gerücht.

Natürlich entsprachen diese Sitzmöbel kaum dem Selbstbild der modernen sozialistischen Gesellschaft. Aber für mehr reichte halt das Geld nicht (woher kennen wir das?). Also saßen wir – obwohl Anfang der Siebziger – noch „Holzklasse". Fenster-, Mittel- und Wandreihe. Sehr praktisch beim „Bankrechnen". Ging vorn in der Fensterreihe los: Die beiden in der ersten Bank Sitzenden stehen auf, Lehrender (= geschlechtsneutrale Bezeichnung) stellt eine Aufgabe aus dem kleinen Einmaleins, der „Sieger" darf zur nächsthinteren Bank aufrücken, die in der zweiten Bank Sitzenden stehen auf, wer von den Dreien als erster die Lösung brüllt, rückt eine Bank weiter. Same procedure ... bis zum Ende ganz hinten in der Wandreihe. Wer am weitesten kommt, hat gewonnen. „Reise nach Jerusalem" mit Rechnen. Aber ohne Grenzüberschreitung. Und ohne Jerusalem.

Westfernsehn und Bauarbeiten

Damit – mit Grenzüberschreitung, meine ich – hatten sie es nicht, unsere Lehrkräfte. Durften es nicht haben. Und taten es doch. Gut, was sollten sie sonst machen. Die Grenze war da, aber auch irgendwie nicht. Das Vogtland befindet sich – wie schon gesagt – mittendrin. Und Reichenbach lag und liegt etwa 60 Kilometer von Hof an der Saale entfernt, Westfernsehen bekam man buchstäblich mit einem „nassen Schnürsenkel". Zudem hatten die „Westmächte" auf dem Ochsenkopf (nein, das ist keine Beleidigung eines damaligen Politikers, sondern der zweithöchste Berg des Fichtelgebirges) extra einen „Umsetzer" montiert, also einen Sender, der explizit in die Ostzone sendete. Wenn mal eine Störung vorlag, stand beim Testbild (wer kennt das noch? Hand hoch!) „Sender Ochsenkopf". Mein Onkel hat es nach der Wende überprüft: Es gibt ihn wirklich!

Ja, na klar: Natürlich sahen wir Westfernsehen. Eigentlich nur. Und hörten Westrundfunk. Eigentlich nur. Bayerischen Rundfunk. „Pfisterbrot", der „modische Arendt" und der Isartorplatz waren mir vertraut. Jedenfalls mehr als der Alex in Berlin. Den Pumuckl kannte ich als Radio-Hörspiel auf Bayern 1, als noch keiner an die rothaarige Zeichentrickfigur dachte. Deshalb sah „mein" Pumuckl auch ganz anders aus, schließlich musste ich ihn mir noch selbst ausdenken! Ich liebte ihn innig. Allerdings, liebe Kinder, musste ich vor dem Radio brav *sitzen bleiben*. Nicht mit dem MP3-Player auf den Ohren durch die Gegend latschen und zwischendurch auf dem Handy daddeln! Schließlich konnte ich ja das Radio – so groß wie ein kleinerer Koffer – nicht herumschleppen, oder? Hier saß ich auch und hörte mit Wonne meine Märchenschallplatten. Ein Märchen auf einer Single-Schallplatte, abzuspielen mit „45" (= Umdrehungen pro Minute). Ich hatte eine Menge davon! In der Mitte des Märchens musste dann jemand kommen (ich durfte das natürlich nicht selbst!), die Platte umdrehen und dann mit möglichst ruhiger Hand die Saphirnadel wieder auf das Vinyl aufsetzen. Wehe, man zitterte oder hatte klebrige Finger. Dann hatte das Rumpelstilzchen Schluckauf. Oder blieb, im schlimmsten Falle, für immer an dieser Stelle hängen. Beinahe noch mehr liebte ich meine „große" Schallplatte – abzuspielen mit „33", siehe oben – (was für ein Spaß, wenn jemand das mal verwechselte!) mit Liedern und Gedichten, zum Beispiel: *„In einer Meierei / da lebte einst ein braves Huhn./ Das legte – wie die Hühner tun – an jedem Tag ein Ei./ Und kakelte, mirakelte, spektakelte, / als ob's ein Wunder sei."*

Genauso liebte ich die Fernsehsendungen, mit denen wir groß wurden. Um etwa vier Uhr nachmittags ging es los (Was war vorher? Was war vorher? Jahaaa, das Ochsenkopf-Testbild natürlich!). Und dann kam Hase Cäsar oder „Wickie und die starken Männer" oder die „Biene Maja". Die durfte ich gucken. Und ein bisschen Abendunterhaltung auch. Solche Hits wie „Dalli Dalli" und „Ein Platz für Tiere" mit

Bernhard Grzimek und der Steinlaus. Und – Tusch! – „Winnetou" in drei Teilen samt Tod des Helden am Schluss. Am nächsten Tag sahen alle Mädels in der Schulklasse verheult aus und die Lehrer zuckten wissend, aber hilflos, mit den Achseln. Und beklagten sich beim nächsten Elternabend bitterlich bei unseren Erzeugern, weil sie uns offenbar Westfernsehen hatten gucken lassen.

Schwieriger wurde es bei der „Raumpatrouille". Da musste nicht nur die Crew der „Orion", sondern vorher auch ich heftig kämpfen. Zuvor lief in der ARD „Spiel ohne Grenzen", moderiert von Ex-Eisschnellläufer Erhard Keller: Mannschaften ausgewählter Städte traten in meist albernen Geschicklichkeitsspielen, bei denen immer irgendwo Schmierseife vorkam, gegeneinander an. Das durfte ich sehen. Um neun sollte ich dann ins Bett. Theoretisch. Aber diese spannende Science-Fiction-Geschichte konnte und wollte ich mir nicht entgehen lassen. Was macht Kind da? Das ganze Programm: „Ich muss noch mal. / Ich habe Durst. / Ich kann nicht einschlafen …"

Pfeif auf die Pädagogik: Meine Mutter ließ mich sechs der sieben Folgen sehen (die spannendste, in der Commander Cliff Allister McLane von einem fiesen Verbrecher zwischen – ich zitiere – „zwei haarfeinen Omikron-Strahlern" beinahe gegrillt wird, nicht!), und ich bin ihr ewig dafür dankbar. Nicht für das eine Verbot, sondern für die sechs ertrotzten Erlaubnisse. Mal ganz ehrlich, der knackige, coole Dietmar Schönherr hat mein frühes Männerbild schon sehr geprägt. Die Damen mit ihren handgesägten, betonierten Hochsteck-Frisuren mein Frauenbild zum Glück nicht so. Die von der Tierwelt inspirierten Tänze auch nicht. (Wenn Sie jetzt nicht wissen, was ich meine – gucken Sie doch mal die DVD. Es lohnt sich, nicht nur wegen der in den Film eingebauten, damals offensichtlich futuristischen Bügeleisen und Wasserhähne.) Übrigens durfte meine bessere Ehehälfte zeitgleich in Düsseldorf die besagte Orion-Folge *auch nicht* gucken! Deutsche Einheit mal anders … Wir haben die uns verweigerte Folge dann dreißig Jahre später gemeinsam genüsslich angesehen! Commander McLane wird letztendlich natürlich nicht gegrillt, sondern knackt die „Raumfalle" – nur fürs Protokoll.

Ich war also im Fachbereich Westfernsehen bestens bewandert. Wie meine Klassenkameraden auch. Das heißt: Einmal bekamen wir einen „Linientreuen" in die Klasse, der zu Hause tatsächlich nur Ostfernsehen sehen durfte. Der Ärmste. Er hielt es dann aber auch nur ein halbes Jahr bei uns aus. Natürlich wussten unsere Lehrer, was wir alle hörten und guckten. (Vielleicht, weil sie es auch *selbst* hörten und guckten? Wer weiß das schon …) Jedenfalls drückten sie meist beide Augen zu. Unvergesslich beispielsweise unser letzter heißgeliebter Klassenlehrer, der – am Tag, nachdem in der ARD die „Feuerzangenbowle" gelaufen war – die Mathestunde anfing mit „Stell'n wir uns mal janz dumm …". Und als er in einer Physikstunde ein Radio zusammenbastelte und die Dampfheizung als Antenne benutzte, tönte es „Hier ist RIAS Berlin …" Er: „Sie haben nichts gehört!" Nein, natürlich hatten wir nicht! Ehrensache!

Die Gags aus der „Feuerzangenbowle" haben wir übrigens sogar nachgespielt (ich allerdings nur als Zuschauer, war eben viel zu ängstlich und brav – siehe oben). Zum Beispiel die Geschichte mit den Bauarbeiten. Ein offenbar orthographisch eher schwach begabter Mitschüler hängt an das Fachkabinett, in dem wir als nächstes Unterricht gehabt hätten, einen eilig bekritzelten Zettel mit einem kapitalen Trennfehler:

„Dieses Zimmer bleibt heute wegen Bauarbeiten geschlossen!"

Und was passierte? Zu unserer eigenen Verblüffung das Gleiche wie im Film: NICHTS. Der aufsichtsführende Lehrer sah, wie wir grinsend vor der Tür standen, las – und pfiff uns an: „Ihr seht doch, was die Bauarbeiter geschrieben haben! Sucht euch gefälligst einen anderen Raum!" Köstlich. Auch die Nummer mit dem Baldrian klappte, allerdings nicht mit Baldrian, sondern mit Chlor. Okay, an die Originalität von Rühmann und Co kamen wir nicht heran, aber immerhin wurde als Folge die halbe Klasse nach Hause geschickt, weil den Herren und Damen Klassenkameraden ja sooo übel war, nachdem der böse Lehrer sie gezwungen hatte, an Chlor zu riechen. Apropos riechen, eigentlich hätten die Respektspersonen den Braten ja riechen können. Aber wir lernten fürs Leben: Wirklich gute Gags funktionieren immer, ob im Film oder in der Realität.

Mein Mann hörte und sah damals in den Ferien bei der Oma im Harz im Gegenzug manchmal Ostfernsehen. Der Renner bei ihm war – das wird Sie jetzt nicht besonders überraschen – das Ost-Sandmännchen.

Ja, abgesehen von all dem ideologischen Nonsens, den man uns glaubte einbläuen zu müssen, blieb tatsächlich allerhand brauchbares Wissen hängen. Interessanterweise gab es im Osten wie im Westen auch gleiche, sozusagen systemübergreifende Lerninhalte. Nicht nur das ABC und das kleine Einmaleins, sondern auch eine Episode aus Mark Twains „Tom Sawyer" fand sich in beiden Lesebüchern. Nämlich die, wo Tom nach vorangegangenen Untaten zur Strafe von Tante Polly dazu verdonnert wird, am freien Samstag einen Zaun zu streichen. Tom ist stinksauer und fühlt sich als der Ärmste der Armen, entdeckt aber bald – so Mark Twain – „ein wichtiges Gesetz, welches das menschliche Handeln bestimmt, dass nämlich, um das Begehren (…) nach etwas zu wecken, weiter

nichts nötig ist, als die Sache schwer erreichbar zu machen." Tom gibt den Pinsel ab, lässt seine Freunde für sich schuften und auch noch dafür bezahlen. „Und als der Nachmittag zur Hälfte vorüber war, da war aus dem am Morgen noch mit Armut geschlagenen Tom ein Junge geworden, der sich buchstäblich im Reichtum wälzte." Ausgerechnet diesen Grundsatz meinte man sowohl ost- als auch westdeutschen Kindern nahebringen zu müssen? Ts ts ts …

Milchreis und Theaterdonner

Klar – wir sollten nicht wollen, was wir nicht kriegen konnten. Sondern gefälligst das wollen, was der Fünfjahrplan beschlossen hatte. Also Weißkraut und Rundstrickhosen statt Bananen und Jeans. Funktionierte aber nicht. Menschliches Begehren ist – siehe Tom – vielleicht ein bisschen lenk-, aber keinesfalls planbar.

Zum Thema Schule ließe sich sicher noch so manches erzählen – zum Beispiel von der Schulspeisung: Kostete 55 DDR-Pfennige pro Mahlzeit, dafür gab es dann jeden Mittag was zu beißen, öfter jedoch was zu schlürfen. Suppe, Seife, Sozialismus, sozusagen. Daher stammt mein Ekel vor Milchreis (ich sehe immer noch die Pfützen geschmolzener Butter auf dem

Reisglibber schwimmen – würg!) und vor Majoran, dem anscheinend allein selig-, äh, sattmachenden Kraut, das außer an Pudding und Quarkspeise wirklich an *allem* war. Das Essen aber, das mit Abstand ganz, ganz unten auf unserer Liste stand und also die rote Laterne innehatte, hieß „Saure Flecke" und bestand, so das Gerücht, aus Schlachtabfällen respektive Innereien, die es bis in den Kochtopf geschafft hatten. Ich kann zum Glück für *meine* Innereien nicht sagen, ob es schmeckte – oder auch nicht. Ich habe es nie probiert. Die ehemalige Gaststätte, wo es das Schulessen gab – heute ein Jeans-Laden –, hieß „Stadt Dresden". Ehrlich, das hat Dresden nicht verdient. Den Jeans-Laden hätten wir allerdings gerne gehabt ...

Nicht weit von meiner Schule entfernt, in direkter Sichtweite, steht bis heute das Neuberinhaus: Musentempel, Theater, zeitweise auch Kino und Tanzstundensaal, eben Raum für alle möglichen kulturellen Ver- und Belustigungen. Neuberin? Wer ist das? Kennt vermutlich keiner mehr außerhalb Reichenbachs. Eigentlich schade. Die Frau hätte mehr verdient. Friederike Caroline Neuber wurde 1697 ebenda geboren, krempelte das deutsche Theater um („Urheberin des guten Geschmacks auf der deutschen Bühne" steht auf ihrem Grabstein – Respekt!) und starb 1760 in Laubegast bei Dresden. Geboren wurde sie in einem Haus, das sich zwischen der

Stadt- und Kreisbibliothek und der Landeskirchlichen Gemeinschaft befand. Und getan hat sie eben so einiges für die deutsche Kultur. Zum Beispiel den albernen Klamauk in der Gestalt des Hanswurst symbolisch von der Theaterbühne verbannt. Damals war es wohl so, dass zwischen den Akten eines ernsten Theaterstücks ein Possenreißer auftrat, der mit platten Witzen die Zuhörer aus der Spannung und Aufmerksamkeit riss und das Ganze auf Trash-Niveau herunterfuhr. Ungefähr so, wie wenn wir heute aus Versehen von arte ins Dschungelcamp schalten. Die Zeitgenossen von Frau Neuber fanden diese Verbannung jedenfalls überhaupt nicht lustig – im Gegensatz zum allseits beliebten Pausenkasper – und nahmen es ihr, für uns heute wenig überraschend, eher übel. Lessing und Gottsched zählten dagegen zu Frau Neubers Weggefährten.

Immerhin gab es 1976 sogar eine bundesdeutsche Briefmarke mit ihrem Konterfei (dann hat man's doch geschafft, oder?). Und ich hege – aus Regionalpatriotismus oder Seelenverwandtschaft, wer weiß das schon – sehr viel Sympathie für sie. Starke Frau! Ich verabscheue, genau wie Frau Neuber, Klamauk an der falschen Stelle – heißt: da, wo man eigentlich Andacht und Kontemplation erwartet. Und Lachen-Müssen auf Befehl (tuff tääää – da bin ich nun eigentlich im Rheinland fehl am Platze, aber wie für fast alles heißt die Maxime der Menschen hier: Leben und leben lassen! Ich freue mich also auch als Karnevals-Verweigerer nach wie vor ungestraft meines Lebens …)

Im Neuberinhaus habe ich 1972 mit sieben Jahren den ersten Kinofilm meines Lebens gesehen. Es war der japanische Zeichentrickfilm „Die Schatzinsel". Der ist heute Kult – und ich war damals begeistert. Ich ahnte ja auch nicht, dass „Jim", der Protagonist, später irgendwie wie ein eineiiger Zwilling von Heidi, Biene Maja und all den anderen aussehen würde … Damals liefen sich die japanischen Zeichentrick-Zeichner vermutlich erst langsam warm …

In besagtem städtischen Kulturtempel, dem Neuberinhaus, erlitt ich ein paar Jahre später auch eine der fürchterlichsten Demütigungen meines Lebens. Aber dafür kann sie nichts, die Frau Neuber. Denn mit Tanzstunden hatte sie vermutlich genauso wenig am Hut wie mit dem Pausenkasper.

Tanzstunde … ich muss 15 gewesen sein und hatte vom Tanzen natürlich keine Ahnung. Vom Discogezappel auch nicht, aber das war hier auch nicht gefragt. Sondern Foxtrott, Wiener Walzer und Tango. Und – als Zugeständnis an den Zeitgeschmack ein bisschen Jive. Meine Güte, hatte ich Angst! Vor der Tanzstunde und überhaupt. Mit körperlichen Aktivitäten hatte ich es nicht so, denn das war das Gebiet, auf dem ich mich am wenigsten perfekt fühlte und damit am angreifbarsten war. Die Tanzstunden fanden, anders als

im Westen des Landes (wo es ja diverse Sportvereine und dergleichen zur Auswahl gab …), über die Schule organisiert und von einem „staatlich geprüften Tanzlehrer" geleitet, im kleinen Saal des Neuberinhauses statt. Die angehenden Damen und Herren sollten nicht nur Tanzen lernen, sondern auch, wie man sich in Gesellschaft gesittet benimmt, wer wem zuerst die Tür aufhält oder in den Mantel hilft oder wer wen zuerst zu grüßen hat. Höflicherweise. Durchaus nützliche Dinge, an die ich mich in passenden Situationen heute noch verzweifelt zu erinnern versuche. Verdrängen dagegen möchte ich die Tanzstunden selbst, ebenfalls bis heute. Denn der staatlich geprüfte Tanzlehrer war vielleicht ein Fred Astaire für Arme – ein Pädagoge war er nicht. Wohl eher jemand, der Spaß daran hatte, auf Kosten anderer zu glänzen oder als besonders witzig dazustehen. Ohne Rücksicht auf Verluste – oder auf Menschen. Ich stand jedenfalls blöd da. Saublöd. Leider hatte er mich, wie man so schön sagt, „auf dem Kieker". Anscheinend musste immer jemand der Depp sein, den Herr Möchte-gern-Astair als abschreckendes Beispiel vorzeigen konnte. Sehr witzig. Aber nicht für den Deppen wider Willen. Oder die Deppin. Da stand ich nun. Ich machte doch alles genauso wie die anderen! Oder? Aber er zeigte auf mich und forderte alle anderen auf – über 60 grinsende Teenager – zu schauen, wie man es *nicht* machte. Brüllendes Gelächter.

Ich wollte sterben. Ja, an diesem Abend wollte ich sterben. Schlaftabletten, Alkohol, egal. Aber alles nicht verfügbar, zumindest nicht für eine verzweifelte Fünfzehnjährige, die heulend nach Hause lief. Und dann hätte ich damit ja auch meine Mutter im Stich gelassen. Das wollte ich nicht. Aber ... auf keinen Fall noch einmal dahin gehen und mich weiter demütigen lassen.

Doch natürlich ging ich weiter hin (warum, weiß ich bis heute nicht, ich habe meine schmerzlich erworbenen Tanzkünste nie, nie mehr im Leben gebraucht und inzwischen längst vergessen!). Und irgendwann habe ich doch noch passabel tanzen gelernt, wenn es auch mit 15 noch immer schwierig war, einen Kerl zu finden, der mir – buchstäblich – wenigstens auf Augenhöhe begegnen konnte. Mit Mühe fand sich einer. Und obwohl wir die interne Meisterschaft austrugen, wer von uns schüchterner und ungelenker war und wer letztendlich entschied, in welche Richtung wir uns drehten („Daphne, Sie führen schon wieder!") ... wir haben es beide überlebt. Doch diese entsetzlichen Minuten, in denen ich unter allgemeinem hämischen Gefeixe zu verstehen versuchte, was ich und mein begriffsstutziger Körper falsch machten, die vergesse ich nie, nie, nie – so lange ich lebe. Wenn ich ganz ehrlich bin, möchte ich diesem Tanzlehrer, der unbegreiflicherweise heute noch, vermutlich als Mumie, sein Unwesen treibt, zu gerne ein paar tausend Reißzwecken oder Ameisen ins Bett tun (ich formuliere an dieser Stelle bewusst weitaus freundlicher, als mir zumute ist, und bitte, das wohlwollend zu vermerken!).

Übrigens: Den Grund für mein Versagen habe ich sage und schreibe dreißig Jahre später erfahren, und das eher zufällig. Ich sollte mit einer Vorturnerin meiner Krankenkasse Übungen machen. Sie wissen schon – Bauch, Beine, Rücken und so. Die Vorturnerin stand mir gegenüber und hob den rechten Arm. Ich hob den linken. War ja auf der gleichen Seite. Sie stellte das linke Bein nach vorn. Ich nahm das rechte. War ja auf der gleichen Seite. Sie stutzte und stellte sich dann *neben* mich. Ach soooo! Irgendwo in den grauen Zellen machte es „Klick!", ich und mein Körper kapierten. So viel Grips hätte der Tanzlehrer vor 30 Jahren mal haben sollen, und ein bisschen Herz hätte auch nicht geschadet …! Seitdem weiß ich: Ich bin ein körperlicher Legastheniker. Heißt: Ich kann eine Bewegung im Kopf nicht spiegeln. Wenn jemand neben mir steht, ist alles in Ordnung. Wenn ich die Bewegung eines Gegenübers nachmachen soll, bin ich ein Depp. Oder auch nicht. Habe ich mir schließlich nicht ausgesucht …

Ich bin mir sicher, ganz vielen anderen Menschen geht es genauso. Hey, Brüder und Schwestern, lasst Euch nicht lächerlich machen und vor allem: Glaubt denen nicht, die auf Eure Kosten witzig sein wollen.

Schon gar nicht 30 Jahre lang. Meldet Euch lieber bei mir – wir gründen eine Selbsthilfegruppe. Oder eine Partei? Die UKL – Union Körperlicher Legastheniker? Da gibt es bestimmt einen Geldtopf in Brüssel, den wir anzapfen können. Das entscheiden wir dann zeitnah, ja? Ich muss auch nicht unbedingt vorneweg tanzen ...

Promis und Gardinenschummel

Deutlich angenehmer war da die Sache mit den DDR-Promis, die sich zeitweise nach Reichenbach und ins Neuberinhaus verirrten. Doch, doch ... ab und an kam mal einer. Zum Beispiel Dean Reed. Ein zugegeben damals ziemlich gut aussehender US-Amerikaner (korrekte systemkonforme Bezeichnung), der sich für den Ostblock und – als Ausgleich für diese Unannehmlichkeiten – ungeheure Popularität entschieden hatte. Er verdiente sich seine Ostmark (höhöhö, wer's glaubt ...) mit Schauspielerei und als Singer-Songwriter, wie man heute sagen würde. Und diese Speerspitze des ostdeutschen Showbiz kam in meine Heimatstadt – zu einem Konzert ins Neuberinhaus! Eine mir persönlich nicht besonders nahe stehende (ich formuliere freundlicher, als ... – Sie wissen schon!) Mitschülerin hatte eine Karte für dieses Event des Jahrzehnts. Ich natürlich nicht. Wie

auch. Ich verfügte weder über Beziehungen noch über einen Vater im staatsfreundlichen Dienst. Aber ich verfügte über eine Freundin, und mit der war ich am Konzerttag auf dem Weg in die (Achtung, wieder göttlicher Humor!) Kinderbibelstunde. Da kam uns ein zugegeben ziemlich gut aussehender Kerl entgegen. Vermutlich US-Amerikaner. Ging an uns vorbei. Meine Freundin und ich glotzten erst ihn und dann uns gegenseitig mit offenem Mund an, machten auf dem Absatz kehrt und – sausten ihm hinterher. Tja, so kam ich zu einem Autogramm von Dean Reed – was ich bis heute nicht ohne ein breites Grinsen betrachten kann. Die besagte Mitschülerin, obwohl beim Konzert anwesend, hat keines bekommen. (Grins, grins und noch mal: grins!)

Da wir gerade bei Promis sind: Noch eine Geschichte verbinde ich mit dem Haus der Neuberin, dem Neuberinhaus. Es wurde nämlich in den 80ern renoviert und modernisiert – mit einer Drehbühne und allem Zipp und Zapp. Abgesehen davon, dass man das Werk einer zeitgenössischen Malerin schlicht falsch herum aufgehängt hatte, gab es noch einen weiteren Aufreger rund um die festliche Wiedereröffnung am 9. November 1984: Karl-Eduard von Schnitzler kam, Mister „Schwarzer Kanal" persönlich. Wenn der geahnt hätte, was haarscharf in fünf Jahren an diesem Tag passieren würde! Doch er wusste es nicht – und wir auch nicht. Und so lebten wir erstmal weiter in

Realsozialismus. Im Volksmund nannte man ihn kurz „Schnitz". Muss ich das erklären? Ich fürchte, ja. Also: Im vorigen Jahrtausend, also in der Zeit, in der Fernseher noch keine Fernbedienung hatten, musste man aufstehen, wenn man umschalten wollte. Und schnell aufstehen, wenn man schnell umschalten wollte. Der Vorspann für den besagten „Schwarzen Kanal" (das war eine Sendung, die die Polemik der bösen BRD-Medien entlarven sollte und dabei polemischer war als alle Feindsender zusammen) begann immer mit den gleichen Worten: „Meine Damen und Herren, es folgt nun die Sendung ‚Der schwarze Kanal'. Karl-Eduard von Schnitz..." – und da war auch ein gehbehinderter DDR-Fernsehgucker keuchend am Gerät angekommen und schaltete um. Deshalb: Schnitz. Übrigens habe ich vorige Woche diesen Gag abgewandelt im ZDF gehört. Von einer ansonsten sehr guten Kabarettistin aus Leipzig, aber mit einem anderen Antagonisten natürlich, da sich Schnitzler von der Bösewichter-Front zurückgezogen hat. Sonst genauso. War nicht halb so komisch, der recycelte Witz. Aber dafür kommt die Kabarettistin sicher auch nicht ins „Gelbe Elend" nach Bautzen, dem berüchtigten Gefängnis für politische Gefangene.

Also: Schnitz, der Chef-Ideologe des DDR-Fernsehens, hatte an unserer Stadt (und dem im Orte gebrannten „Grünbitteren", für den man gerüchteweise Magenwände aus Asbest brauchte) peinlicherweise einen Narren gefressen, wie man so schön sagt. Vielleicht brauchte er ja dafür den Grünbitteren. Jedenfalls: Er drohte sein persönliches Erscheinen an. Seitdem weiß ich, was „Potemkinsche Dörfer" sind. In Windeseile wurden die Wohnhäuser an seinem Zufahrtsweg zum Neuberinhaus renoviert. Nein, natürlich nicht die Bausubstanz selbst. Sondern nur die Fassaden. Einer Mär zufolge sollen sogar an den Fenstern unbewohnter Wohnungen Gardinen angenagelt(!) worden sein. Auch schön: Ein ziemlich böser Witz aus dieser Zeit besagte, dass der damalige Bürgermeister einen fürchterlichen Alptraum gehabt hätte. Nachts hätten sich alle Häuser um 180 Grad gedreht, und morgens wäre ein Fernsehteam gekommen … Ich durfte jedenfalls (als Auszeichnung für besondere Leistungen im Rahmen meiner Ausbildung …) auch bei der festlichen Wiedereröffnung – mit Showprogramm, hüstel! – zugegen sein. Es war ergreifend!

Föhnkamm und Friseurdesaster

Überlassen wir das Neuberinhaus aber nun seinen Histörchen, und kommen zu dem, was zum Namen dieses literarischen Werkes beitrug. Es liegt gar nicht weit – ein paar Meter vom besagten Neuberinhaus bergab, um die Kurve und über die Straße. Ein

Elektrofachgeschäft ist es immer noch. Damals stand „Technik hilft auch dir" an dem Laden (Sie ahnen ja nicht, wie dankbar wir für diesen Hinweis waren!). Ich stand auch dort. Bestimmt zwei Stunden, vielleicht auch noch länger. Seitdem hat die Floskel „ich habe etwas erstanden" einen ganz eigenen Klang für mich. Haben Sie auch schon mal etwas erstanden? Ich sage Ihnen, da lernt man sich selbst kennen! Und die anderen auch. Vor allem, wenn es nicht bis zum Ende der Schlange reicht. Da kochen Emotionen hoch! Das Endspiel der Champions League, ob nun mit oder ohne Bayern, ist ein Kindergeburtstag dagegen! Jedenfalls: In meinem und diesem speziellen Falle ging es um einen – Föhn. Aber keinen gewöhnlichen, sondern einen mit Kamm-Aufsatz. Mit dem man sich eben besagte Föhnfrisuren machen konnte – vorausgesetzt, man hatte lange Arme und ein bisschen Geschick. Und was soll ich Ihnen sagen: Es reichte. Also – das zur Verteilung bereitstehende Angebot reichte, zumindest bis zu mir. Ich erstand ihn, meinen Föhn. Mit Aufsatz. In Orange. Ab da musste das Wort „Föhnfrisur" neu definiert werden. Kenner meiner Haarstruktur wissen, was das bedeutet. Es ist ein Kampf gegen Windmühlen – aber für ein paar glückliche Stunden kann man sich als Sieger fühlen. Mehr oder weniger tröstlich für mich war im Nachhinein immerhin, dass mein Vater in den 1950ern mit „unseren Haaren" wohl das gleiche oder doch ein

ähnliches Problem hatte: Die damals obligatorische Elvis-Schmalztolle wollte bei ihm – Überraschung, Überraschung! – einfach nicht ordentlich kleben bleiben. Da half auch kein Pfund Pomade.

Das größte Kompliment, das ich bei meiner Konfirmation 1981 bekam, war, dass ich Lena Valaitis ähnlich sähe. (Sorry, Lena!). Der Föhnkamm und ich hatten anscheinend ganze Arbeit geleistet. An unsere Grenzen stießen wir beide dagegen, als kurzzeitig der Mireille-Mathieu-Haarhelm modern wurde. Keine Chance! Tröstlich war nur, dass sich auch meine damalige Friseurin umsonst mit mir abmühte. Endlich, endlich hatte sie mein Drahthaar ordentlich zur Innenwelle geföhnt. Doch schon beim Hinausgehen an der Ladentür hörte man ein leises, metallisches „Klick" – und meine Haare sprangen in ihre ursprüngliche Form zurück. Sie wollten sich eben nicht – genauso wenig wie ich selbst – verbiegen lassen.*

Ich hatte ihn, den treuen Föhn-Freund, zäh wie fast alle „taiga-erprobten" DDR-Geräte, übrigens noch bis weit nach der Wende im Einsatz. Irgendwann in den 90ern roch es beim Föhnen brenzlig – und er gab dann doch den Geist auf. Friede seiner Plaste ...

---

*Nachtrag: Vorige Woche hat es – gute 30 Jahre später – meine jetzige Friseurin noch einmal bei mir probiert mit der geföhnten Innenwelle. Mit einem riesigen *West*föhn und jeder Menge Gels, Lotionen und Sprays. Es funktionierte weniger denn je!

Schul-nach-Hause-Weg und Gaschdannien

Doch jetzt mache ich mich lieber auf den ... Wie nennt man eigentlich den Weg von der Schule nach Hause? Ebenfalls Schulweg? Schul-nach-Hause-Weg? Schulheimweg? Egal. Mein Schulhinweg war kurz und undramatisch. Selbst nach heutigen Maßstäben müsste man sich nicht fahren lassen. Höchstens aus Prestigegründen.

Ich ging jedenfalls zu Fuß – was hätte ich auch anderes machen sollen? Als Alternative hätte ich allenfalls auf den Händen laufen können. Alle gingen zu Fuß. Ich musste auf meinem Schulhinweg morgens nur eine längere Straße leicht bergab gehen und konnte also noch halb im Schlaf sozusagen das natürliche Gefälle nutzen – aber nicht zu sehr, denn es galt zwei Straßen zu überqueren. Und auch wenn es im Vergleich zu heute verschwindend wenige Autos gab – auch die Kollision mit einem vergleichsweise weichen Plastik-Trabi wäre sicher nicht angenehm gewesen.

Mittags ging es woanders lang, nämlich zu meiner Omi. Die Bahnhofstraße entlang, auf der seit jeher jede Menge Kastanienbäume standen und bis heute stehen. Herrlich im Frühjahr, wenn überall weiße „Kerzen" zwischen leuchtend grünen Blättern erscheinen. Zumindest für mich heute. Als Kind fand ich den Herbst spannender, wenn die Kastanien auf das Pflaster knallten. Wenn nicht freiwillig, halfen wir nach. Knüppel mit Hauruck zwischen die Äste geschossen, und schon regnete es die stacheligen Früchte, die dann mit sattem Ploppen beim Aufprall auf dem Boden aufplatzten. Man durfte sich nur nicht von den Autos plattfahren lassen, deren Fahrer das herbstliche Treiben oft so gar nicht witzig fanden, schließlich knallte hier und da ein fehlgeleiteter Knüppel auch mal auf ein Autodach. Oder ein Kind sprang unversehens auf die Straße, um ein paar suizidgefährdete Kastanien einzusammeln. Wenn ich eben jetzt zum Fenster hinaus über den Balkon schaue, sehe ich einen Kastanienbaum. Und muss manchmal daran denken, dass Gott wohl ein paar Schutzengel-Legionen Überstunden verordnen musste, wenn in Reichenbach wieder Kastanienzeit war …

Was wir mit den Kastanien – Gaschdannien, wie der Sachse sagt – machten? Ja sicher, ein paar bekamen Streichholzbeine und wurden zu undefinierbaren Tieren, die in keinem Lexikon standen. Aber die meisten nahmen wir mit zur Schule. Für einen Zellophanbeutel voll Kastanien oder Eicheln gab es einen „guten Punkt". Natürlich auch hier nicht für den Einzelnen, sondern für die „Brigade" (heute würde man das „Team" nennen, also ein mehr oder weniger freiwillig verbundener Haufen von Leuten, die gemeinsam etwas erreichen sollen. Im günstigsten Fall auch wollen). Nach welchen Kriterien diese Brigaden zusammengesetzt wurden und warum, ist mir dankenswerterweise entfallen. Man muss nicht (mehr) alles wissen. Die Kastanien jedenfalls – so viel weiß ich! – wurden von unserer Klassenlehrerin an einen Förster weitergegeben, der unsere Ernte dann zur Wildfütterung im Winter benutzte. Dieses Recycling begeistert mich irgendwie bis heute.

Ein großer Süßwarenkonzern, der sowohl Kinder als auch Erwachsene angeblich froh macht, startet hierzulande Jahr für Jahr eine ähnliche Aktion. Nur gibt's im Tausch für die Gaschdannien keine ideellen guten Punkte, sondern ganz reelle Gummibärchen & Co. Ich finde, das ist nicht dasselbe!

Forumschecks und Bahnhofsdüfte

Eigentlich würde ich jetzt die Bahnhofstraße bis zum Bahnhof gehen, was sich ja irgendwie auch logisch anhört. Und dann entweder weiter bis zum zweiten wichtigen Haus meines Lebens – oder zum Bahnhof selbst. Was könnte ich da wollen? Dumme Frage. Irgendwie in die Ferne fahren natürlich. So, wie es die Natur vorgesehen hat – mit einem Zug! Aber eigentlich ist es doch keine so dumme Frage!

Ich kenne diesen Bahnhof noch mit einem Dach, spitz, fast wie ein Kirchturm. Irgendwann in den

80ern wurde er renoviert, modernisiert … was auch immer. Jedenfalls konnte wohl keiner mehr so ein Dach reparieren oder es war kein Geld dafür da, und deshalb wurde der Bahnhof nun mit einem Dach im stumpfen Winkel verziert. Sieht – der Not-Architekt möge mir verzeihen – für mich, die ich den eleganten, langgezogenen Turm noch kenne, immer noch wie ein Kinder-Bommelmützchen aus. Gewöhnungsbedürftig jedenfalls. Damals hatte der Bahnhof aber nicht nur ein ganz anderes Dach, sondern auch sechs Gleise für den Personenreiseverkehr. Drei auf der einen und (Überraschung!) drei auf der anderen Seite. Drei führten – rechts vom Bahnhof – ins tiefere Sachsenland: nach Neumark, Zwickau oder Werdau – und dann weiter bis nach Dresden oder Leipzig. Auf der anderen Seite ging es – gar nicht. Das heißt: Es ging bis nach Plauen (wo die Wiege meiner Ahnen stand, was eine ganz, ganz lange Geschichte ist, die bis 1540 zurückreicht …). Aber eigentlich hatte man in dieser Richtung nichts verloren zu haben. Denn kurz hinter Plauen lag ja der böse „Westen". Hier kamen die „Interzonenzüge" durch, die nach München oder Stuttgart fuhren. Ein Hauch der großen, weiten Welt umwehte sie, diese Züge. Mit ganz viel Glück bekam man darin sogar was geschenkt. Die guten Tanten und Onkels, Omas und Opas aus dem Westen drückten einem schon mal was in die Hand, was nicht mit zurück über die Grenze durfte oder ballasttechnisch sollte. Ganz selten auch mal das zwangsumgetauschte DDR-Geld, meist mit dem Spruch „Was soll ich denn noch damit?" Ja, richtig. Was sollten sie damit? An die Wand pappen. Den Enkeln als Spielgeld geben. Für uns war es richtig viel Geld. Für sechzehn Tage Zwangsumtausch musste ich – wohlgemerkt als Fachkraft – einen Monat arbeiten, 1:1 umgerechnet, versteht sich. Wie oft habe ich davon geträumt, in einem dieser „Interzonenzüge" mitfahren zu dürfen. Einmal den Westen sehen! Einmal über den Tellerrand gucken! Und als ich dann durfte, war mir sooo schlecht. Ich hatte solch wahnsinnige Angst! Vor dem Unbekannten – und überhaupt. Außerdem stand ich auf einem Bein. Für das zweite war in dem Zug, Anfang Dezember 1989, kein Platz mehr. Ich fuhr nach Stuttgart. Dort holte mich meine Freundin ab. Die hatte ich über eine (illegale) „Begegnungsfreizeit" Ost/West kennengelernt. Was hieß: In christlichen Jugendkreisen engagierte DDR-Jugendliche luden privat (ihnen bis dato völlig unbekannte) im EC engagierte West-Jugendliche ein. Privat. So, als ob man liebe Verwandte einlud. Der Knackpunkt: Die Stasi durfte das natürlich nicht wissen. Es musste also „echt" wirken. Wir mussten so tun, als ob wir uns schon seit Jahren kennen. Sehr lustig, so im Nachhinein. „Ähem – wann hast Du noch mal Geburtstag? Ich habe es mir nicht aufgeschrieben ..." Den ersten Brief von Carolin* habe ich noch. Und wir haben seither oft über dieses Szenario gelacht. Sie ist übrigens heute Pastorin. In einem Dorf, unweit meiner Heimatstadt. Gott hat Humor!

Aber ich stehe ja immer noch auf dem Bahnhof. Der hat heute allerdings nur noch drei Gleise. Die auf der linken Seite sind verschwunden – sie mussten dem neuen Busbahnhof weichen. Das ist nun ein ganz eigenartiges Gefühl für mich! Denn da, wo heute der Bus in Richtung Greiz fährt, spielten sich für mich ziemlich spannende Sachen ab. Auf dieser Seite des Bahnhofs war zum Beispiel der „Intershop". Nicht, dass ich da oft hinging. Doch da, das wussten alle, gab es mit Westgeld Westwaren zu kaufen. Einmal durch die ganze Bahnhofshalle, durch die sagenhafte „Mitropa" (oft das einzige – äh – Etablissement, wo es in der Stadt auswärts etwas zu essen gab), und dann rechts zur Tür wieder raus, einen schmuddeligen Gang entlang und dann stand man – nein, nicht auf dem Bahnhofsklo, sondern in einer anderen Welt. Es roch unbeschreiblich verführerisch. Auch Westpakete rochen so! Nach Waschmittel, Weichspüler, Deo, Schokolade, Kaugummi … Ich frage mich oft, wo er hin ist, dieser Duft? Und wo kam er her? Rieche ich jetzt auch so? Ich weiß es nicht, aber die Frage böte Stoff für eine Doktorarbeit. Ich selbst war jedenfalls – in Ermangelung der erforderlichen Geldmittel – ganz, ganz selten in diesem sagenumwobenen Intershop. Neulich fand ich beim Durchstöbern alter Bücher doch tatsächlich einen „Forumscheck" über eine D-Mark. Forumscheck – na klar! Ab April 1979 musste man die heißbegehrten Devisen auch noch zwangsweise umtauschen und bekam statt der harten Westmark weiches DDR-Papier, eben „Forumschecks". Gute Handwerker waren damals so schwer zu kriegen wie heute – das erklärt deren mehr- oder besser eindeutige Gegenfrage „Forum handelt es sich?" Ja, ich weiß – dieser Spruch passt unter jeder Tür durch.

Liedertext und Hitparade

Für einen meiner ersten Liedtexte, geschrieben auf dem (aber holla! internationalen) Liedermacherseminar in Wünsdorf 1988, drückte mir einer der Komponisten – Schwabe – ein Zwei-D-Mark-Stück in die Hand. Ein zugegeben wenig opulenter Lohn und sicher nicht ganz das, was ein Manfred Siebald bekommen hätte. Aber na ja ... Vermutlich war mein Text auch nicht auf Siebald-Niveau. Und: Reich wird man als Liedtexter sowieso nicht. Eine Tonbandkassette habe ich mir jedenfalls im Intershop gekauft für mein erstes in harter Währung verdientes Gehalt als Liedtexter. Denn die „Westkassetten" hatten einfach einen besseren Klang. Und weniger Bandsalat. Bandsalat? Nein, nicht mit Essig und Öl, sondern wenn

sich das braune Aufnahmematerial um diverse Innereien des Kassettenrekorders (ich erinnere mich sehr dunkel an Tonkopf und Andruckrolle!) gewickelt hatte und nur mit roher Gewalt zu befreien war. Dann hatte man in jeder Hand ein Band-Ende. Toll. Cantus interruptus, sozusagen. Aber, im Gegensatz zu modernen Medien, war die Reparatur einfach: ein bisschen Klebeband, ein kantiger Bleistift, das Ganze auf der Rückseite zusammengeklebt, vorsichtig aufgewickelt – und schon lief der Laden wieder. Na gut – Boney M. oder ABBA hatten dann halt irgendwo einen „Hicks", wenn die Klebestelle kam, aber das nahm man billigend in Kauf. Allerdings liefen in unseren Kassettenrekordern nur 60er-Kassetten, mehr schaffte der Motor nicht. Und es war eine Katastrophe, wenn er gar nicht lief. Meiner, „Anett" mit Namen, war mein Ein und Alles. Mutti hatte ihn mir organisiert (gebraucht, Kleinanzeige in der Tageszeitung) als ich 13 war und Interesse für zeitgenössische Musik zu zeigen begann – Blondie mit „Heart Of Glass", Patrick Hernandez mit „Born To Be Alive" und vor allem „Dschinghis Khan". Neu wäre zu teuer gewesen, aber er hatte auch gebraucht immerhin noch stolze 400 Mark gekostet, also ein Monatsgehalt meiner Mutter und später auch von mir. Wie gesagt, er oder besser sie, hieß „Anett" – von Werks wegen. Ich nannte sie bzw. ihn „Herby" – wegen der Filme mit dem verrückten Käfer und vor allem wegen

Gottlieb Wendehals mit seinem Rrrrrhythmusgerät gleichen Namens. („Wendehals" – das hat sich Werner Böhm nicht im Traum vorgestellt, wie zukunftweisend sein Künstlername sein würde …) „Anett" alias Herby hatte ein Radioteil – zum Aufnehmen. Es gab sie bzw. ihn auch ohne, dann hießen sie „Babett" und waren nicht so begehrt, aber geringfügig billiger. Besitzer des Letzteren mussten dann öfters mit einem Überspielkabel zu Gutwilligen, um die aktuellen Hits zu transferieren. Ich habe meins noch – also, wer will …?

Sehr, sehr viel später gab es die Rekorder dann sogar auch in Stereo, allerdings für heute unglaubliche 1 540 (in Worten: Eintausendfünfhundertvierzig) DDR-Mark. Eine echte Geldanlage … Ich war stolzer Besitzer des SKR 700, mit japanischem (!) Kassettenlaufwerk – und schon mit selbst verdientem Geld gekauft. Wie habe ich das bloß geschafft?! Er zog mit mir – nach der Wende, versteht sich – 1991 in den „Westen" und tat dort weiter noch lange brav seinen Dienst. Vermutlich deshalb habe ich ihn bis heute nicht wegwerfen können.

Wenn „Anett" oder ihre Nachfolger kaputt waren, ging es mir schlechter als ihnen. Meist tat mein Onkel dann ein Wunder mit Schraubenzieher und Lötkolben – und brachte das Gerät wieder zum Laufen, der Gute. Er hatte und hat bis heute eben goldene Hände …

Und Gott hat Humor (erwähnte ich das schon?): Während ich diese Zeilen schreibe, wiederholt ZDF.kultur genau die Folge der „Deutschen Hitparade" mit Dieter Thomas Heck, bei der ich meine erste Aufnahme mit „Anett" machte. Mit einem externen Mikrofon natürlich. Keiner im Raum durfte husten, mitsingen, -klatschen oder dumme Bemerkungen machen, sondern musste ganz mucksmäuschenstill sitzen.

Platz drei Jonny Hill mit „Ruf Teddybär einsvier", Platz zwei Peter Maffay mit „So bist du", und auf Platz 1 ist „Dschinghis Khan", gerade frisch vom Grand Prix in Jerusalem zurück (meine Güte, zwei aus der Gruppe sind mittlerweile schon tot!). Aber irgendwas ist anders, irgendwas stört mich. Es dauert eine Weile, bis mir auffällt, dass ich das Ganze natürlich noch nie *in bunt* gesehen habe! Meine Hitparade war immer schwarz-weiß! Schwarz-weiß – wie das ganze Fernsehprogramm! Und jetzt: Marianne Rosenberg in einem blauen nachthemdchenartigen Nichts, was sie beinahe anhat. Paola scheint die leuchtend blaue, bauchbetonende Waterloo-Hose von Agnetha Fältskog, offenbar aus dem gleichen Material, aufzutragen. Howard Carpendale dagegen vornehm im mausgrauen Konfirmationsanzug … Und: Im Publikum jede Menge Frauen mit Föhnfrisur. Genug gelästert. Ich sah schließlich auch so aus – irgendwie ein Stück weit.

Ja, aber ... Frau Paul – wo bleiben denn die DDR-Stars? Die Hits? Haben Sie die denn nicht gehört? Achtung, jetzt kommt ein Schock für Sie: NEIN. Habe ich nicht. Wirklich nicht. Kannte sie nicht und habe ich nicht. Vielleicht war es ja ein Fehler. Vielleicht auch nicht. Die PUHDYS und „Karat", Ute Freudenberg und „City" – ja, gab es. Ja, kannte ich – dem Namen nach. Aber ich hätte – bis auf ganz, ganz wenige Ausnahmen – keinen Titel nach- oder mitsingen können. Ja klar: „Über sieben Brücken" von Karat. Gefiel mir – jetzt haut mich nicht, liebe Ost-Babyboomer! – von Peter Maffay besser. Hat mehr Power, finde ich. Aber das ist natürlich Geschmackssache, und ich bestehe nicht darauf. „Blauer Planet", auch von „Karat". Da stieß mir – und mit mir den gleichaltrigen Christen in Ost und West – die Zeile ganz übel auf: „Uns hilft kein Gott, unsre Welt zu erhalten!" Pah! Vielleicht musste die Band das ja einbauen. Vielleicht wollten sie es auch, wer weiß das schon so genau? Auf jeden Fall sangen mein Gatte in West-Düsseldorf und ich in Ost-Reichenbach, zwar nicht miteinander, aber gemeinsam: „Uns hilft *nur* Gott ..." Warum wohl? Weil's wahr ist!

Anmerkung auf vielfachen Wunsch einer einzelnen Person: Ja richtig, auch im Westen wurden Kassetten so aufgenommen. Finger auf die Record-Taste mit dem roten Punkt, und immer beim laufenden Radioprogramm auf der Jagd nach den aktuellen Hits. Und

dann: Hass auf den Moderator, der ins Ende quatschte. Oder in den Anfang. Grrr! Das Fernsehprogramm war allerdings zugegeben geringfügig bunter …

Immerhin habe ich aber Thomas Gottschalk noch als Nur-und-ausschließlich-Radiomoderator erlebt, als noch keiner wusste, wie er aussah. (Außer der Tante meiner besten Freundin, die stammte nämlich, wie er, aus Kulmbach).

Bummi-Hefte und Verpuffung

Doch – mannomann – auf dem Bahnhof stehe ich – zumindest mental – immer noch (den Gag „offenbar schwer, hier wegzukommen" verkneife ich mir mit Rücksicht auf die witzgeplagten Bahnbeamten). Aber für mich hängen eben auch jede Menge Geschichten an diesem Ort.

Zum Teil auch ganz, ganz alte. Meine heißgeliebte Omi war hüftkrank und konnte nur noch langsam und im Watschelgang laufen. Machte mir als Kind nichts aus. Ich humpelte einfach ein bisschen mit (wie man mir noch Jahre später erzählte). Omi war mein ganz persönlicher Kindergarten. One-on-One-Betreuung würde man das heute nennen. Und da ich nicht alles, was ich von ihr lernte und vermittelt bekam (gerade hatte ich versehentlich „vermuttelt" getippt – das ist fast noch besser!) aufzählen kann und überdies sowieso am Ende wieder furchtbar zu heulen anfange ... Lassen wir's bei ein paar markanten Anekdötchen. Zum Beispiel den Bummi-Heftchen. Wie gesagt: Weite Spaziergänge waren mit Omi nicht drin. Wir machten also Nah-Spaziergänge. Zweihundert Meter bis zum Bahnhof. Durch die Unterführung, und dann waren wir auch schon im Bahnhofsgebäude. Spannend! Mehr brauchte ich gar nicht! Hier gab es einen Speise-Kiosk auf der linken Seite. Interessierte uns nicht, denn gegessen hatten wir. Aber rechts! Rechts war der Zeitschriften-Kiosk. Der war unserer – literarisch interessiert, wie wir waren! Alle 14 Tage gab es hier ein neues „Bummi"-Heft. Für 25 DDR-Pfennige. Es erschien für Kinder von drei bis sechs Jahren mit einer Auflage von 736 300 Exemplaren im Verlag Junge Welt (ja, da würde Axel Springer blass vor Neid, wobei ich mich frage, wie diese krumme Zahl zustande kam ...). Titelheld Bummi, ein gelber Teddybär, erlebte in den Geschichten mit seinen Freunden Maxl und Mischka lustige Abenteuer (diese selbstverständlich nur systemkonform). Natürlich wollte ich da auch so einen Teddybären. Mein Mischka sieht mir übrigens in diesem Moment vom Schrank gegenüber sehr verständnisvoll zu ... In den Bummi-Heften gab es nicht nur Geschichten und linientreue Reportagen für Vorschulkinder (man brachte mir zum Beispiel auf diese

Weise schon vor Schulbeginn die US-amerikanische Bürgerrechtlerin Angela Davis mit ihrem sagenhaften Afrolook nahe und Chiles 1973 ermordeten Präsidenten Salvador Allende ebenso). Es gab auch Bastelanleitungen. Zum Teil recht komplizierte. Zu kompliziert für Vorschulkinder: Also musste Omi ran. Und sie machte alles mit. Manche unserer Werke schickten wir dann auch zum „Bummi"-Verlag, zwecks Belobigung. Zum Dank bekam ich – noch Jahre später – zu meinem Geburtstag eine Glückwunschkarte von ihm, also von „Bummi". Und war ziemlich stolz darauf, obwohl ich nie so ganz einsah, warum „mein Freund Bummi" mit Schreibmaschine schrieb. Ging das mit Bärentatzen überhaupt? Wie bloß? Später, in der Schule, wurde ich dann begeisterter „Frösi"-Leser. Frösi war die Abkürzung für „Fröhlich sein und singen", das Motto entliehen aus einem Lied der DDR-Jungpioniere. Es hätte auch zu unserer heutigen Kirchengemeinde gepasst, aber na ja … In der „Frösi" gab es solche obskuren Sachen wie Propagandacomics („Wir bauen einen Panzer"), Aufrufe zum Sammeln von Sekundärrohstoffen, Kräutern und Beeren („Korbine Früchtchen" – wisst Ihr noch?) und ernste Ermahnungen zu Hygiene und Gesundheit von „Kundi". Aber auch Bastelvorschläge und spannend geschriebene Artikel aus Natur, Wissenschaft und Technik. Noch in der Berufsschule habe ich immerhin einen gestrengen Lehrer mit meinem Frösi-Wissen zum Thema Holografie schwer beeindrucken können. Musste man ja nicht jedem auf die Nase binden, woher das Wissen kam … „Frösi" hatte auch immer ein – heute würde man „Gimmick" dazu sagen – beiliegen. Ein bisschen „Yps" für Ossis.

Tatsächlich gab es auch DDR-Comics (nein, nicht die mit dem Panzer!). Monatlich erschien ein Heftchen namens „Mosaik". Zu meinem Erstaunen habe ich recherchiert, dass „Das MOSAIK" der älteste und auflagenstärkste noch erscheinende Comic deutscher Produktion ist. Und ich Depp habe meine Sammlung beim Umzug kurz nach der Wende (ich traue mich kaum, es zu sagen), dem Rat von Korbine Früchtchen folgend, … zu den Sekundärrohstoffen gegeben! Na ja, weg ist weg. Während die Comicfans jenseits des Eisernen Vorhangs die freie Auswahl hatten – von „Micky Maus" über „Fix und Foxi" bis zu „Tim und Struppi" – beschränkten wir uns vornehm auf eine kleine Gruppe von Protagonisten. In den Mosaik-Geschichten erlebten immer drei Kobolde – zuerst die Digedags, dann die Abrafaxe – Abenteuer quer durch die Weltgeschichte. Immer die gleichen Charaktere: Einer war mutig, einer schlau und einer dick. Natürlich standhaft auf der Seite der Schwachen und Unterdrückten und immer Streiter für das Gute. Edel sei der Mensch, selbst der gezeichnete. Okay, Abrax, Brabrax und Califax waren nicht so stark (und kräftig gebaut) wie Obelix. Aber ungefähr

so groß wie Asterix. Und bestimmt so schlau wie Miraculix. Ob sie singen konnten, entzieht sich meiner Kenntnis. Allerdings – der Punkt geht eindeutig an Goscinny und Uderzo – die Asterix-Sprüche sind Kulturgut geworden. Die der Abrafaxe nicht so. Die spinnen, die Comic-Texter.

Natürlich gab es „Das MOSAIK" auch am Bahnhofskiosk, aber da musste ich erst noch „hineinwachsen". Vorerst war noch „Bummi" angesagt. Ja, und wenn ich dann mein neuestes Bummi-Heft hatte, dann gingen Omi und ich noch ein bisschen um den Bahnhof herum und beobachteten Loks beim „ummodeln". Nein, keine Angst. Das war und ist nichts Ehrenrühriges. In Reichenbach endete die elektrifizierte Strecke. Oder fing an – wie immer kam es hier ganz auf die Blickrichtung an. Hier wurde also die E-Lok angehängt oder ab. Eben umgemodelt. Ich hielt das ziemlich lange für korrektes Deutsch, bis ich eines Besseren belehrt wurde. Jahre später fand ich den Ausdruck dann doch noch wieder. Nicht im Duden, sondern bei Karl May und Hadschi Halef Omar. Da wurden, mitten im wilden Kurdistan, Kamele umgemodelt. Tja, Karl stammte – im weiteren Sinne – eben auch aus der Gegend.

Ja wirklich, an diesem Bahnhof hängen jede Menge meiner Geschichten. Zum Beispiel auch, wie ich zwei Jahre lang Sonntag für Sonntag ins Internat fahren musste und jedes Mal bittere Tränen des Abschieds weinte. So heftig, dass ich – nachdem diese Zeit überstanden war – noch manchen Sonntag zum Bahnhof ging und den Zug, den ich zum Internat hätte nehmen müssen, mit einem unsagbaren Triumphgefühl ohne mich abfahren sah. Bäääää!

Oder die Sache mit der Verpuffung. Mein lieber Scholli, das war aber kein Spaß, damals im November 1977! Bei Rangierarbeiten gab es hier einen Unfall mit einem Kesselwagen, und 22 000 Liter Kraftstoff liefen in die Kanalisation. In der Folge flogen im Stadtgebiet, vor allem logischerweise in der „unteren Stadt", die Kanaldeckel hoch – zum Teil bis auf die Dachböden. Ein Wunder, dass es nur ganz wenige Verletzte gab. Es hätte auch anders ausgehen können … Wir Schulkinder wurden in die Nachbarstadt, natürlich zu Fuß (siehe oben!), evakuiert – ohne zu wissen, warum und wieso. Und wohin. Ein eilig einberufener, doch völlig überforderter Katastrophenstab war nicht einmal in der Lage, den verängstigten Eltern zu sagen, wo ihre nicht nach Hause gekommenen Kinder abgeblieben waren. Wie auch – ohne Telefon! Und wir, die Kinder, durften andererseits nur wieder nach Hause, wenn wir von den Eltern abgeholt wurden. So saß ich bis spät abends fest. Schließlich erschien meine erschöpfte Mutter, die endlich einen „Wissenden" zu fassen bekommen hatte, mit meinem Onkel (der hatte ein Auto und konnte also „mal eben" in die Nachbarstadt fahren). Ich war selten so froh … Der Katastrophenalarm blieb mehrere Tage bestehen. Aus dem Zwickauer Bergbaugebiet wurden dann Absaugpumpen geholt, die man noch wochenlang in der Nacht hörte. Das am stärksten beschädigte Gebäude war übrigens das Geburtshaus der Neuberin, das von diesem Tage an bis nach der Wende baupolizeilich gesperrt war. Heute ist es renoviert und beherbergt – oh Überraschung! – das Neuberin-Museum. Irgendein Spaßvogel schrieb kurz nach der Verpuffung statt der korrekten Ortsangabe „Kanaldeckelhausen" auf eine Postkarte. Die kam tatsächlich an …

Mauer-Lauf und Donnerwetter

Jetzt aber: Vom Bahnhof mache ich mich auf und gehe Richtung Innenstadt. Vorbei an den uralten Kastanienbäumen. Wie oft bin ich hier entlang gegangen – gerne auch „balancierend". Linker Hand steigt das Gelände steil an, und ist deshalb mit einem Mäuerchen befestigt. Darauf kann man als Kind prima entlanglaufen, gerne auch an der Hand der Mutter. Und man fühlt sich richtig wagemutig dabei. Eigentlich eine ziemlich kurze Strecke. Und nicht wirklich gefährlich. Jeden Tag holte mich meine Mutter abends von der Omi ab, wo ich den Tag verbracht hatte. Also ein echter Mutter-Tochter-Weg, den wir jetzt gerade gehen. Ganz wenige Male habe ich ihn auch gruselig erlebt. Wenigstens ein bisschen. Zum Beispiel, wenn Gewitter war. Wir mussten zu Fuß gehen – da gab es nichts! Augen zu und durch! Da hätte man als Kind schon manchmal Angst bekommen können. Meine Mutter hatte viel mehr – Angst, meine ich –, aber das hat sie mir nie gezeigt. Stattdessen – damit das Kind gar nicht erst Angst bekommt – erzählte sie mir bei Gewitter die wirklich witzig ausgedachte Story, dass Petrus im Himmel die Stühle umwerfe, und es deshalb so poltere da oben. Ich lachte mich kaputt – und amüsierte mich königlich statt ängstlich zu werden. Wenn es besonders laut rumste, dann krähte ich: „Und jetzt war's der Tisch!" Ich empfehle diese Geschichte allen Eltern und angehenden Pädagogen als Beispiel. Den Kram mit den kalten und warmen Luftschichten könnt Ihr später dem Physiklehrer überlassen, wirklich! Den Chefapostel Petrus allerdings muss ich wohl um Verzeihung bitten dafür, dass man ihm Möbelrandale unterstellt hat. Aber immerhin ist Petrus der Stadtpatron von Reichenbach – mit einem riesigen Himmelstor-Schlüssel im Stadtwappen verewigt und als Skulptur (mit dem Rücken zum Rathaus, aber das ist eine ganz andere Geschichte) seit 2002 auf dem Marktplatz zu sehen. Bestimmt hat er ein Einsehen, wenigstens was die Gewittergeschichte betrifft.

Schneechaos und Genscher-Halbsatz

Der Katastrophenwinter 1978/79 war auch gruselig. Zuerst heftiges Weihnachtstauwetter, dann „zwischen den Jahren" jede Menge Regen und mit Temperaturen von 10 bis 12 Grad brach beinahe der Frühling aus. Dann aber ... Dann kamen Kälte, Eis und Schnee. Sehr viel Kälte und sehr viel Schnee. Wir saßen am Silvesterabend in der Jahresschlussandacht der Landeskirchlichen Gemeinschaft, als erste Gerüchte über herannahendes Unheil samt Stromausfällen auftauchten. Zehn Minuten vor Mitternacht war es dann auch bei uns soweit: Mit einem Schlag war die ganze Stadt dunkel. Die Kirchenglocken konnten das neue Jahr nicht einläuten, denn sie funktionierten elektrisch. Wir unterstellten den staatlichen Stellen übrigens eine gewisse Absicht bei der Terminierung des Stromausfalls – Kirchenglocken passten bekanntlich nicht zu einer sozialistischen Silvester- bzw. Neujahrsfeier. Doch vermutlich taten wir den Energieversorgern in diesem Falle Unrecht, waren sie doch vom Ausmaß der Schneekatastrophe und deren Auswirkungen genauso überrascht wie der Rest der Bevölkerung. Bis sich die Ersten mit Taschenlampen zu Streichhölzern und ihren Silvester-Raketen vorgetastet hatten, dauerte es eine Weile. Das Jahr 1979 begann also in jeder Hinsicht mit Verspätung. Die

Temperaturen sanken in den nächsten Nächten und auch Tagen bis unter minus 25 Grad. Ich bekomme noch heute eine Gänsehaut, wenn ich daran denke. Das hieß für uns: den Kachelofen zwei Mal am Tag heizen. Dazu mussten zwei Eimer Kohlen aus dem Keller nach oben geschleppt werden. Und das dann im Dunkeln … Zum Glück war gerade eben Weihnachten vorbei und es gab noch halbwegs genug Kerzen im Haus.

Aber was, wenn man jemanden bei Dunkelheit besuchen wollte? Wir wollten, meine Mutter und ich. Der Strom war mal wieder weg. Es war finsterste Nacht über der Stadt. Wir kämpften uns durch die Schneemassen die Bahnhofstraße entlang – nur mit einer flackernden Taschenlampe „bewaffnet". Das war richtig, richtig beängstigend. Heute würde ich so eine Tour nicht für alles Geld der Welt machen. Damals fürchteten wir uns nicht – höchstens davor, zu stolpern und uns etwas zu brechen. Ja, wir kamen an. Heil und gesund. Und auch wieder zurück. Aber irgendwie habe ich diese Erfahrung – mit flackernder Taschenlampe durch eine Stadt, in der man die Hand nicht vor Augen sieht – tief in meinem Inneren gespeichert.

Im Oktober 1989 konnte man auf dieser Wegstrecke übrigens auch das kalte Grausen bekommen. Hans-Dietrich Genscher hatte den berühmtesten aller Halbsätze „… gekommen, um Ihnen zu sagen, dass heute Ihre Ausreise …" gesprochen. Hundertfacher Aufschrei! Und dann rollten die Züge mit den Botschaftsflüchtlingen aus Prag durch *unsere* Stadt. Das heißt: Nein, sie rollten nicht. Sie hielten an. Wegen fehlender Elektrifizierung war hier bei uns ein Lokwechsel nötig *(siehe auch „ummodeln")*. Und die Noch-Obrigen hatten eine Heidenangst, dass irgendwer sich Zugang in die/auf die Züge, die nach Westen fuhren, verschaffen könnte. Also lautete der Befehl, „mit allen Mitteln den Zugang zum Bahnhof, vor allem die Gleise freizuhalten". Es gab das Gerücht, dass ein Maler – also kein Künstler, sondern ein Anstreicher –, der eine Wohnung renovieren wollte und deshalb eine Leiter auf der Schulter trug, für nicht unerhebliche Zeit nicht mehr gesehen wurde … Irrsinn im Quadrat. Und natürlich mehr als eine Notiz in meinem persönlichen Geschichtsbuch.

Villaweg und blaue Flecke

Tatsächlich, jetzt geht es gleich links um die Ecke, die Humboldtstraße hoch. Würde ich noch ein paar hundert Meter weiter geradeaus laufen, käme ich zur Albertistraße und damit zum Haus, in dem ich die letzten Monate vor meinem Umzug in den Westen wohnte. Ach was, Haus: eine feudale alte Villa, die sogar eine von den 95 Bomben, die am 21. März 1945 auf Reichenbach fielen, abbekommen hatte. Nein, wir wohnten natürlich nicht in der Herrschaftswohnung, sondern da, wo wohl früher Besenkammern waren und Dienstmädchen ihre Bleibe hatten: direkt unterm Dach. Schön war's doch. Und auch irgendwie nobel. Aber saukalt, denn im Winter waren die hohen Räume kaum warm zu bekommen. Schon der Kiesweg bis zur Haustür versetzte einen irgendwie in eine längst vergangene Zeit („Sind die Herrschaften zu Hause?"). Aber man lernte: Wo eine Villa ist, da ist eben auch ein Weg.

In der Geburtsklinik schräg gegenüber kam ich vor knapp einem halben Jahrhundert (klingt beängstigend gewaltig!) zur Welt – mit eher jämmerlichen 2600 Gramm Geburtsgewicht, im achten Monat. Und so klein, dass mich meine Omi im „Steckkissen" kaum sah. Das hab ich aufgeholt, aber so was von! Um damals dieses Manko auszugleichen, streckte ich, kaum auf der Welt – dem geschätzten Publikum samt dem Klinikpersonal die Zunge heraus. So! Dafür nannten die mich „Mecki", weil ich zwar noch keine Föhnfrisur, aber für ein Neugeborenes beachtlich viele Steh-Haare hatte.

Über die Straße, direkt gegenüber, war die „Spielstraße". Heute trägt sie mit sehr viel mehr Würde ihren eigentlichen Namen, nämlich Karl-Liebknecht-Straße, und ist nicht mehr zum Spielen

geeignet. Zu viele Autos. Ich aber habe da noch mit „Malsteinen" gemalt (lehmhaltige bunte Klumpen, die hier überall zu finden sind) und Rollschuhlaufen geübt. Mit den Zwillingen Anna* und Sven*, links und rechts eingehakt. Immer ein bisschen weiter rauf, und dann Augen zu und heidi! – abwärts. Hatte ich erwähnt, dass die Spielstraße ein beachtliches Gefälle hat? Meine Knochen waren damals offenbar stabiler als heute, und mein Mut war größer, zumindest auf sportlichem Gebiet. Obwohl … als mein Ehemann und ich uns – im Winter! – kennenlernten, gingen wir als eine der ersten gemeinsamen Unternehmungen gemeinsam Schlittenfahren. Mit *einem* Kinderschlitten, *zu zweit.* Nun waren wir zwar von unseren heutigen eher beeindruckenden Figuren noch einige Kilos entfernt – aber selbst der unbegabteste Physiker hätte uns sagen können, dass der Schwerpunkt dieser Konstellation viel zu hoch lag. Ich verrate Ihnen sicher kein Geheimnis, wenn ich gestehe, dass wir den Elchtest nicht bestanden. Es hat uns einige Male ganz übel durch die Gegend geschleudert. Nachdem wir zum dritten Mal unsere Knochen sortiert und noch halbwegs für heil befunden hatten, beschlossen wir, dass wir nun die Gesetzmäßigkeiten der Schwerkraft genug getestet hatten – und hinkten von hinnen. Jede Menge blaue Flecke und ein verdrehtes Knie zeugten noch einige Zeit danach von unserem Abenteuer. Sehr viel später gestanden wir uns übrigens, dass wir beide eine Heidenangst gehabt hatten, die aber vor dem anderen nicht zu zeigen wagten, um nicht als „Weicheier" dazustehen …

Hinterhof und saure Gurken

Aber nun: die Humboldtstraße. Ich weiß gar nicht, warum mich diese Straße so anrührt. In meiner Sturm- und Drangzeit war sie eine der meist befahrendsten, dreckigsten Straßen der Stadt, und das Haus (nicht die Villa, die kam 25 Jahre später!), in dem wir wohnten, bestimmt mit das schäbigste. Warum sie ausgerechnet nach Humboldt benannt wurde, weiß ich auch nicht zu sagen. Schließlich war der große Gelehrte Naturforscher – und von Natur war hier weit und breit nichts zu sehen, abgesehen von ein paar mehr oder weniger mickrigen Bäumen in den Hinterhöfen. Warum aber spielen alle meine nächtlichen Träume, die sich irgendwie mit Heimat befassen, dort? Ich verstehe es nicht. Ich könnte doch von Acapulco träumen! Von Rimini, Nizza oder Cannes. Oder wenigstens von einem Wald. Aber nein – Reichenbach, Humboldtstraße. Doch andererseits kein Wunder, immerhin fanden die ersten 25 Jahre meines Lebens hier statt. In Cannes nicht. Und in der noblen

Villa auch nicht. Schade vielleicht, aber das kann man sich schließlich selten aussuchen.

Doch noch sind wir nicht an dem Traum-Haus (diese Bezeichnung hat diese Hütte bestimmt auch noch nie gehört!), sondern erst an der Abbiegung bei der Tankstelle. Tankstelle? Naja – damals halt. Dahinter kam dann ein Rundfunkgeschäft, dann ein kleiner Lebensmittelladen. Dann eine Weile nichts. Auf der anderen Seite stand eine Konservenfabrik. Sehr spannende Sache. Also – nicht wirklich. Spannend an den maroden, schäbigen Fabrikhallen war, ob man von den leckeren Sachen, die da ins Glas kamen, auch mal etwas probieren, sprich in den Läden finden, würde. Meist aber nicht. Eine eher unscheinbare Belüftungsklappe mit klapperndem Lamellengitter sorgte unterdessen dafür, dass man beim Vorbeigehen den Duft – nein, nicht der weiten Welt – von sauren Gurken, roter Bete oder sonst etwas mit würzigem Sud Eingekochtem roch. Und gleichzeitig wusste man, dass man davon kaum mal etwas zwischen die Zähne kriegen würde. Allerhöchstens den „Ausschuss": zermatschte Gurken, Rote Bete mit schwarzer Schale dran … Und trotzdem liebe und liebte ich diese Klassiker der Kater-Bekämpfung bis heute. Aber jetzt, wo ich sie überall, ständig und in -zig Varianten haben kann – unzermatscht und in 1-a-Westqualität –, will ich sie komischerweise gar nicht mehr so oft. Das erinnert doch schon wieder an

Tom Sawyer und seinen Zaun. Da kann man mal sehen, was eine solide Schulbildung wert ist (vergessliche und unkonzentrierte Leser schlagen mal eben zurück auf Seite 25/26!).

Busbahnhof und Robert Schumann

Ach ja, und hier geht's gleich rechts runter zum Solbrigplatz, vormals Karl-Marx- und Busplatz. Die Wohnung, in der ich aufwuchs, lag also „verkehrsgünstig" – ein paar Schritte, und ich war sehr mobil. Praktisch, wenn auch für die Anwohner höchst ungesund, fuhren die ungarischen „Ikarus"-Busse doch mit einem undefinierbaren Treibstoff aus … ach, ich will es gar nicht wissen. Hier am Korl-Morx-Plotz (Sie kennen diesen Kalauer sicher – der Platz mit den drei „o") schlich ich auch zur Klavierstunde. Mit mäßiger Begabung, meist schlechtem Gewissen weil fehlenden Übens, und über die Jahre abnehmendem Ehrgeiz. Immerhin hielt ich aber sieben Jahre durch, und das ohne eigenes Klavier. Zum Üben musste ich immer zu Oma und Opa – die hatten eins. Zuerst lernte ich beim Herrn Konzertpianisten Rechte*, dann bei Frau Liskowitsch*. Eine Klavierstunde kostete fünf DDR-Mark. Zum Dank gab es Zensuren, also im Sinne von Schulnoten, für die jeweilige tastentechnische

Leistung. Im Gegensatz zu den Schulnoten kam ich klaviermäßig selten über eine „3" hinaus. Das war und ist mir auch heute zu wenig. Viel zu wenig! Ganz oder gar nicht! So in der Mitte herumklimpern? Nee! Lag es nun an der Unterrichtsmethode oder an fehlender Begabung? Vermutlich Letzteres. Mein Opa konnte „nach Gehör" spielen, was mich als Kind unheimlich beeindruckte, und eigentlich wollte ich genau *das* lernen. Das, und nur das! Eine Melodie hören und dann beidhändig nachspielen ... habe ich leider nicht gelernt. Schade, wirklich schade. Nur Etüden, Sonatinen und all so was. Mit etwas Glück und dem Mut der Verzweiflung könnte ich Ihnen noch den „Fröhlichen Landmann" von Robert Schumann darbringen, und vielleicht auch das Menuett aus dem „Notenbüchlein für Anna Magdalena Bach" – doch für mehr hat es letztendlich nicht gereicht.

Doch gereicht hat es für etwas anderes. Denn wenn ich auch kein Klaviervirtuose geworden bin – meine auf Beweglich- und Schnelligkeit trainierten Finger machten es mir später leicht, Schreibmaschine zu lernen. Kraft brauchte man dazu allerdings außerdem, denn auf einer alten „Erika" zu tippen ... alter Schwede, da hatte man eine Sehnenscheidenentzündung schnell weg. Und Frau Stieglitz* in der Berufsschule kannte keine Gnade. Gelegentlich machte sie sogar das Licht aus, wenn wir in der ersten Stunde im Winter „Schreibmaschine" hatten. Man sah die Hand vor Augen nicht, von Buchstaben ganz zu schweigen. Da bekam „Blindschreiben" eine völlig neue Bedeutung, und wer es so nicht lernte, lernte es nie.

Sprachgewirr und Bravo-Poster

„Binsenbau" steht heute an dem nächsten Haus, wenn man nicht abbiegt. Was zwar auch ein dezenter Hinweis auf die Bausubstanz sein könnte, aber eigentlich der Name eines ehemaligen Studentenklubs war. Für mich gab es hier die Verbindung zur „großen weiten Welt", denn … hier war die „Versicherung" und gleich neben der Eingangstür hing ein Briefkasten. In den ich höchst abenteuerliche Post geworfen habe. Stapelweise! An meine diversen Brieffreundinnen – in Ost und West. Ja, wirklich: Ich pflegte Korrespondenz ins In- und Ausland. Lieber das Letztere natürlich. Und ich hatte Freundinnen am Baikal, in Moskau, in Budapest, in Bratislava, irgendwo in Frankreich, in England, in München, in Tübingen, in Cuxhaven, in … ach, wo immer jemand mit mir Kontakt haben wollte. Wohlgemerkt – schriftlich. Mittels Sprachen, von denen ich noch am besten Russisch konnte, Englisch wenig und Französisch gar nicht. Was einen nicht verwundern musste. Russisch war Hauptfach und neben Mathematik das wichtigste. Ich lernte und lerne gerne

Sprachen. Russisch hatte ich von der fünften Klasse bis zum dritten Studienjahr. Da kam also ganz schön was zusammen an Vokabeln. Peinlich, doch viel ist nicht mehr davon übrig. Aber meinen Namen und mein Alter könnte ich Ihnen noch russisch mitteilen. Und dass ich keine Geschwister habe. Was „Belletristik" auf Russisch heißt, weiß ich auch noch: Chudoschestwennaja Literatura. Applaus bitte!

Meine Brieffreundin Lena aus Irkutsk lernte im Gegenzug Deutsch und sorgte mit ihren Bonmots – ähnlich wie Jahrzehnte später Trappatoni bei seinen legendären Pressekonferenzen – für Klassiker, die in den familieninternen Sprachschatz eingingen. Unvergessen zum Beispiel ihr Statement „Wir auch sehr oft kochen Kuchen!"

Wie gesagt, mit Englisch sah es schlechter aus. Davon hatten wir in der Schule ab der siebten Klasse ganze zwei Stunden in der Woche – nach dem Sportunterricht. Es blieb also nicht nennenswert viel hängen, obwohl sich Mrs Greenwood wirklich alle Mühe mit uns gab. Wir übersetzten zum Beispiel Beatles-Texte (jetzt kann ich's ja verraten, oder?). Überhaupt war der Sprachunterricht nicht auf Kommunikation ausgerichtet, sondern aufs Verstehen der fremden Sprache. Wir sollten uns – Honni behüte! – ja nicht mit dem Klassenfeind unterhalten, sondern nur seine Literatur lesen und/oder Gespräche abhören können.

Man schrieb auf tote Bäume, also auf Papier. Mit Kuli, gerne auch mit Füllfederhalter. Das machte ich meist sonntags morgens (liebe mitlesende Pastoren, bevor Ihr warnend den Zeigefinger hebt ob dieses Fehlverhaltens: Ich gehörte zur Landeskirchlichen Gemeinschaft. Da geht man im Allgemeinen abends bzw. nachmittags „in die Stund'" und hat den Sonntagmorgen frei!). Ich schrieb also sonntags Briefe, so fünf bis acht im Durchschnitt. Und bekam jede Menge Post. Manchmal muss ich heute staunen, dass mich die Stasi nicht stärker bedrängt hat. Ja, sicher: Ich war auf eine gesunde Ost/West-Mischung meiner Kontakte bedacht. Aber trotzdem … Nicht alle meiner Briefpartner/innen waren sich der Brisanz der Geschichte so ganz bewusst. Beispiel gefällig? Illegales Zahlungsmittel – auch bei DDR-Jugendlichen – waren BRAVO-Poster. Und natürlich wollte ich auch welche. Zum Selbst-an-die-Wand-Pappen, aber auch zum Tauschen. Wenn man ein solches Poster indes auf die Größe eines Din-A4-Umschlags faltet, wird der ganz schön dick. Wenn man dann noch drauf schreibt: „Achtung, hier ist ein Poster drin. Hoffentlich hält der Umschlag das aus!", sollte man meinen, dass das Unternehmen „Postertransfer West nach Ost" von vornherein zum Scheitern verurteilt ist. Aber anscheinend war das der Stasi *zu* offensichtlich, zu plump. Vielleicht dachten sie auch an einen üblen Scherz. Vermuteten, dass sie lediglich einen Zettel

fänden, wo „War wohl nix!" draufstünde. Was soll ich Ihnen sagen? Der Umschlag samt Poster kam unbeschadet bei mir an. Ich habe ihn noch – zu Beweiszwecken. An den Kopf gegriffen habe ich mir allerdings schon. Und ein paar Nächte ziemlich schlecht geschlafen.

Nach der Wende brachen erstaunlicherweise sämtliche Westkontakte schlagartig ab („Erbarmen, die Ossis kommen!"). Geblieben sind Pastorin Carolin* und Heidi* aus Cuxhaven, die beiden allerdings bis heute. Ihr kriegt irgendwann die Tapferkeitsmedaille, ihr zwei – versprochen!

Wenn ich es recht bedenke – vielleicht stammt ja auch meine Abneigung gegen die sogenannten „sozialen Netzwerke" aus dieser Zeit der Rundum-Überwachung. Was habe ich mich mühen müssen, ein bisschen Privatsphäre zu entwickeln und zu wahren! Und der allgegenwärtige Gedanke, dass jemand etwas mitbekommen könnte, was ihn gar nichts angeht! Hallo? Das sind *meine* Gedanken, *meine* Freunde, *meine* Geheimnisse, MEINE … Und heute? Genau umgekehrt. Daseinsberechtigung aufgrund permanenter Veröffentlichung meines Lebens, und das weltweit? Per www. Ja, bin ich denn verrückt? *Wozu?* Oh nein – aber ohne mich! Ich genieße es, an unserem bevorzugten Urlaubsort an der Nordsee zu sitzen, mir den salzigen Wind um die Nase wehen zu lassen und dabei zu wissen – dass das kleine Nest ein

Funkloch ist. Herrlich! (Glücklicherweise sehen das mein Chef und meine Kollegen auch so …)

Hängt der Postkasten an der ehemaligen Versicherung noch? Wohl kaum. Obwohl er ja eine eiserne Natur hatte. Aber selbst eine eiserne Natur ist machtlos gegen die Netzausdünnung der Post. Vielleicht kommt er – oder einer seiner Nachfahren – mal wieder? Spätestens, wenn auch der Letzte gemerkt hat, dass man eine WhatsApp-Message nicht unters Kopfkissen legen kann.

Stolperstein und Traumadresse

Jetzt sind es nur noch ein paar Meter. Doch – wupps – da liege ich schon wieder. Zumindest in meiner Erinnerung. „Straße messen" nannte meine Mutter das lakonisch. Mit körperlichen Aktivitäten habe ich es ja nicht so – erwähnte ich das? Und das fing anscheinend schon ganz, ganz früh an. „Katrin, pass auf – Füße heben!", konnte meine Mutter nur noch rufen, wenn ich losrannte. Boing! Schade. Oder – selten so passend wie hier: dumm gelaufen! Sehr dumm gelaufen. Der Fußweg oder auch Trottoir (Drittewar, wie der Vogtländer sagt) bestand aus aneinander gelegten Granitplatten. Mit Höhenunterschied. Man konnte beim Laufen prima „nicht auf die Zwischenräume treten" spielen. Oder „nur auf die Zwischenräume". Womit man ein Kind halt so bei Laune hält. Dumm nur, wenn Kind partout rennen möchte, aber die Füße grundsätzlich nicht hoch genug nimmt. Wupps, und wieder war ich im Parterre! Demzufolge hatte die kleine Katrin ständig aufgeschlagene Knie. Und gestopfte Strumpfhosen. Die von der dicken, graublauen Art. „Elefantenstrumpfhosen" nannte man die etwas boshaft, weil sie jede Menge Falten bildeten, zumindest ums Knie herum. Wie kalauert mein lieber Ehegatte gelegentlich? „Schatz, Du hast Beine wie ein Reh! ... Oder wie heißt das Tier mit dem Rüssel?" Damals aber war nur die Strumpfhose schuld, Euer Ehren!

Also: Aufstehen, Zähne zusammenbeißen, Krönchen geraderücken! Nur noch ein paar Meter. Ja, hier wohnte im Erdgeschoss eine stadtbekannte Tratschtante („Neideitel" heißt das auf Einheimisch), die Tag für Tag im Fensterrahmen lehnte, jeden anquatschte, demzufolge Hinz und Kunz kannte – und meinem Vater letztendlich eine Mietgarage organisierte, hier gleich durch die Einfahrt durch. Besser als ein Fünfer im Tele-Lotto und viel, viel seltener.

Schräg gegenüber war das Schreibwarengeschäft „Erna Krause". Ach, was hab ich sie geliebt, die Frau Krause. Sie hatte, wie der Name schon sagt, krause weiße Haare und war eine ganz Liebe. Hier gab's Katzen-Postkarten, Schulhefte, Füllfederhalter,

Radiergummis, Abziehbilder … Wir guckten vom Wohnzimmerfenster direkt in ihr Schaufenster. Jetzt ist der Laden längst verwaist. Erna Krause dagegen war ein Begriff, den man sogar heute noch im Internet findet, wenn man will. So ändern sich die Zeiten …

Tja, und nun stehe ich vor Nummer 19. Wie gesagt, keine „erste Adresse". Eher zweistellig. Im Hausflur roch es nicht nach den Wohlgerüchen Arabiens, sondern eher nach Kanalisation – oder Schlimmerem. So schlimm, dass Schulkameraden sich die Nase zuhielten, wenn sie mich besuchen kamen. Auch nicht gerade dem Selbstbewusstsein zuträglich … Unten wohnte der Besitzer und Hauswirt. Im ersten Stock wohnten wir. Blick nach vorn auf die Straße und besagten Schreibwarenladen, Blick nach hinten auf die „Odelgrube" (vornehmer: Güllegrube), schwarze Holzschuppen und einen jämmerlichen Hinterhofgarten, eine riesige Zitterpappel (doch, die hab' ich heiß geliebt – es rauschte so schön, wenn ein Lüftchen blies) und Garagen. Ja, eine davon gehörte kurzzeitig uns, dank der Neideitel. Und einen Dachrinnen-Vertrieb gab es auch im benachbarten Hinterhof. Wenn es mal sehr stürmisch war, flogen die Dinger mit lautem Geschepper nachts durch die Gegend und hinderten uns am Schlafen.

Die Wohnung war winzig klein, zumindest nach heutigen Maßstäben. Das Wohnzimmer, in dem sich

alles abspielte, maß ganze 16 Quadratmeter. Und man durfte nicht hopsen – da kam sofort der Hauswirt und beschwerte sich. Die Möbel fingen schon an zu wackeln, wenn man nur etwas beschwingt durch die Räume lief. Oder mit der Haarbürste in der Hand vor dem Glasschrank die Hitparade nachspielte. Das habe ich natürlich nie getan! Ich war ganz anders! Ich … nahm einen Kochlöffel. Selbstverständlich durfte man bei dieser Show nur schwingungsarm herumhampeln, aber tunlichst nicht mitsingen. Sonst kam sofort … Sie wissen schon. Es war eben wirklich furchtbar hellhörig. Was immer unten und vor allem oben passierte – man bekam es mit und musste wohl oder übel daran teilnehmen. So ähnlich wie bei den im Supermarkt aufgedrängten Handygesprächen heute, und ebenso unfreiwillig. Der Wellness-Bereich war das Waschbecken in der Küche, mit fließend kaltem Wasser ausgestattet. Manchmal floss das Wasser auch direkt durch die Zimmerdecke aus der oberen Etage, aber das lag an den dort zeitweise ansässigen Asozialen und ist eine ganz andere Geschichte. Und so gar nicht lustig, vor allem, wenn man gerade unter Aufbietung aller finanziellen Mittel und Beziehungen renoviert hat.

Wenn ich mich im Ganzen oder auch nur meine Haare waschen wollte, dann passierte das in der Küche, im einzigen Waschbecken der Wohnung. Und, wie gesagt: Wasser gab es nur in kalt. Zuerst musste ich also auf dem Gasherd Wasser warm machen. Mit einem Wasserkessel. Sage mir keiner was gegen Gasherde, obwohl mich diese Art der Energieversorgung beinahe das Leben gekostet hätte. Im Katastrophenwinter rettete sie uns jedenfalls vor dem Einfrieren. Aber wenn man Haare bis zum – äh – unteren Rücken hat, ist das Verfahren zugegebenermaßen ebenso umständlich wie zeitaufwändig: Kopfüber rein ins Waschbecken, Haare nass machen. Einschäumen. Inzwischen neues Wasser heiß machen. Kopf rein, abspülen. Aber immerhin hatte ich ja dann meinen orangen Föhn …

Das Klo war übrigens eine Treppe tiefer und wurde von zwei „Mietparteien" benutzt. Ein „Plumpsklo". Etwas besser als ein „Donnerbalken" in freier Natur – aber nicht viel. Und Milchstraßen entfernt von Badezimmern heute. Ein kleines, zugiges Kabuff eben, darin ein Holzsitz über einem Rohr, das in unendliche Tiefen führte (wohin, wollte man nicht wirklich wissen). Wenn man im Winter bei eisigen Minusgraden etwas wegbringen wollte – ja, auch nachts! – musste zuerst mal wieder im Wasserkessel auf dem Gasherd Wasser erwärmt werden, dann wanderte man mit selbigem eine Treppe tiefer. Damit alles, was man wegzubringen hatte, auch seinen Weg nahm, und nicht festfror. Nein, das war nicht schön … Aber man wusste nach so einer nächtlichen Expedition ein warmes Federbett umso mehr zu schätzen. Ja, Federbett: ein Berg Federn, zusammengehalten von einem Inlett. Denn das Schlafzimmer war nicht zu heizen. Die einzige Wärmequelle der Wohnung war der Kachelofen. Der produzierte allerdings eine wohlige Wärme, wie ich sie heute nicht mehr kenne. Im Bett aber war es – zumindest beim ersten Hineinschlüpfen – erstmal erbärmlich kalt. Deshalb gab es auch eine kupferne Wärmflasche, eingehüllt in ein Handtuch. Die lag zuerst oben, wo der Nierenbereich zu liegen kam, und dann wurde sie an die Füße geschoben (Vorsicht! Wenn das Handtuch verrutschte, konnte man sich elend verbrennen!). Wenn die Füße warm waren, wurde die Wärmflasche an den Nächsten mit kaltem Bett weitergereicht. Manchmal war es so kalt, dass sich an der Zimmerdecke Eiskristalle bildeten. Man war tunlichst darauf bedacht, nur die Nasenspitze aus dem Federberg herausgucken zu lassen. Möglichst nicht mal die.

Kurz gesagt: Alles in allem war die Behausung eher jämmerlich. Trotzdem war es unser, war es mein Zuhause – beinahe 25 Jahre lang. Und – wie schon erwähnt – alle meine Träume spielen irgendwie in dieser Wohnung, was nicht immer schön ist. Schon merkwürdig.

Aber Treppe scheuern hab' ich dort gelernt, dass die gestrengen Lehrerinnen der westlichen „Bräuteschulen" in den 50er-Jahren ihre wahre Freude an mir gehabt hätten! Das war mein Job in unserem

Zwei-Frauen-Haushalt. Das Haus hatte so richtige, alte Granit-Treppenstufen. Da musste man dann mit einem Hader zunächst immer drei Stufen auf einmal einweichen. Ja ja, ich weiß: „Hader" ist ein regionaler Ausdruck, über den sich mein Gatte immer halb kaputt lacht! Also mit einem Feudel, Lappen, Scheuertuch ... streichen Sie bitte, was für Sie nicht zutrifft. Und dann wurde mit einer riesigen Wurzelbürste – zumindest für Kinderhände – geschrubbt, bis die Seifenlauge Blasen warf. Und dann mit dem Hader (sorry, für mich heißt das Ding eben bis heute so!) wieder trocken gewischt. Ja, auch die senkrechten Partien mit schrubben! Der Hauswirt kam schließlich kontrollieren! Und wenn man sie vergaß und nur ein paar traurige Rinnsale deutlich sichtbar von einer Stufe zur anderen herabliefen, dann hieß das zur Schande der Hausfrau „Die Treppe weint!" Und das sollte sie natürlich nicht.

Halt! Etwas habe ich vergessen: die Klingel! Ein Gong. So ein Ding-Dong-Ding. Meine Oma (sie ist längst tot, deshalb traue ich mich jetzt zu petzen) meinte wohl, je länger sie auf den Knopf drücke, desto stärker klingele es. Das war ein Aberglaube. Denn bei einem Gong machte es nur einmal „ding". Und eine gefühlte halbe Stunde später, beim Loslassen, „dong". Aha – jetzt wusste man: Oma stand vor der Tür! Und so hatten wir Gelegenheit, alles, was Oma nicht sehen sollte, schnellstens verschwinden

zu lassen, bevor wir die Tür öffneten. Wir waren ein eingespieltes Team!

Und wieso, sehe ich in Ihren fragenden Augen, hätte mich der Gasherd beinahe das Leben gekostet? Das ist nun wieder keine schöne Geschichte … Eine Nachbarin, die ein kleines Zimmerchen mit Kochnische auf der gleichen Etage bewohnte, war des Lebens überdrüssig geworden und beschloss, sich umzubringen. Sie nutzte dazu den Gasherd. Drehte alle vier Flammen auf nebst dem Backofen und legte sich davor. Zwei volle Tage und Nächte strömte das Gas aus, im wahrsten Sinne „volles Rohr", bis jemandem das hektische Rattern des Gaszählers auffiel. Mir war schon den ganzen Tag übel gewesen, übel – mit rasenden Kopfschmerzen. Eigentlich wollte ich nur noch ins Bett, aber meine Freundin Christiane* hatte mich überredet, den Tag mit ihr in ihrem Garten zu verbringen. Hätte ich nicht auf sie gehört, würden Sie heute diese Zeilen nicht lesen können. Meine Migräne habe ich allerdings von diesem unfreiwilligen Abenteuer zurückbehalten. Nach Aussage der Prüfer vom Gaswerk hätte ein winziger Funke genügt, und das Haus wäre in die Luft geflogen. Gleich zweimal göttliche Bewahrung …

Zahngedöns und beste Freundin

Ja, im Garten meiner Freundin war ich öfter. Wir saßen auf der Hollywoodschaukel und stellten Betrachtungen an, wie wir in „den Westen" kommen könnten. Zum Konzert unserer jeweils bevorzugten Popgruppe – aber das nur nebenbei. Auch sonst haben wir uns hier jede Menge Blödsinn ausgesponnen. Besonders weit war es nicht bis zu Christiane*, mit einem zügigen Fußmarsch von einer Viertelstunde war das locker zu machen. Es will mir ja selbst nicht mehr so recht in den Kopf, wie solche Treffen liefen. Man verabredete sich in der Schule (gehen wir zu dir oder gehen wir zu mir?). Und wenn man das verpasst hatte? Ging man einfach mal hin. Hä? Wie jetzt … Einfach so?

Ja, man *ging hin*. War die Freundin da – Glück gehabt! War sie es nicht – kehrt um, marsch. Anrufen konnten wir uns nicht, da dies auch schon damals ohne Telefon ziemlich schwierig war. Telefonanschluss hatten ein paar Geschäftsleute, Ärzte, Kommunalpolitiker … Aber wir? No way. Wenn ich mich recht erinnere, bekam meine Mutter 1993 ihr erstes, eigenes Telefon. In Lila. Festnetz, versteht sich. Unbegreiflicherweise hatte ich trotzdem ein (allerdings unveröffentlichtes) Privatleben, hatte Freunde und tauschte mich aus. Tja, wenn Sie dies „liken" möchten, kann ich Ihnen leider nicht helfen.

Sie müssen Ihren Daumen schon noch selbst hochhalten.

Ja, genau – über diese Kreuzung hier musste ich, wenn ich zu Christiane* wollte. In die andere Richtung ging es, wenn ich Zahnschmerzen hatte, denn hier war die Zahnklinik. Zuerst ging ich an der Hand von Mutti dorthin, später dann allein. Als ich sieben war, bekam ich das Lippenbändchen entfernt – eine ziemlich blutige Angelegenheit. Etliche Amalgamplomben bekam ich hier verpasst. Und – dann schon als Teenager – eine Wurzelbehandlung. Die erste meines Lebens, doch leider nicht die letzte. In meinen schlimmsten Alpträumen höre ich noch den bedauernden Ausspruch des Notdienst-Arztes: „Tja, Nervziehen müssen wir heute leider ohne Betäubung, die Einweg-Spritzen sind alle." Wir hatten uns ja mit der Mangelwirtschaft so gut es ging arrangiert. Aber dies war – im wahrsten Sinne des Wortes – jenseits meiner persönlichen Schmerzgrenze …! Deshalb nötigt mir heute die Frage meines Zahnarztes, ob ich fürs Bohren eine Betäubung möchte, nur ein müdes Lächeln ab. Weicheier, alle!

Die kindgerecht-psychologische Zahnschmerzprophylaxe ähnelte sich übrigens wieder mal grenzübergreifend: Im Osten gab das Zahnwehmännlein den Bösewicht, und zwar vor allem im Buch „Vom Jörg, der Zahnweh hatte". Ein fieses Strichmännchen mit einem giftgrünen Bonbon als Kopf und einem Hämmerchen in der Hand hatte es hier auf die Zahnsubstanz der Kinder abgesehen, wie ein gewisser Doktor Heiler (???) den Eltern im Vorwort erklärte.

Dagegen sahen Karius und Baktus, die westlichen Zahnschädlinge aus der Erzählung von Thorbjörn Egner, richtig nett aus – eher wie unbewältigte Pumuckls. Die zu ziehende Lehre sollte deutschlandweit allerdings gleich sein: Esst gesunde Sachen, liebe Kinder, und putzt euch immer schön die Zähne, dann haben diese Ganoven keine Chance. Jagt sie mit Zahnbürste und „Putzi, der Kinderzahncreme" respektive „Signal" in die Flucht! Stimmt leider nur teilweise, aber als Kind glaubt man so was noch. Doch vor dem Zahnwehmännlein hatten wir Ossis richtiggehend Angst – und machten um Süßigkeiten wie „bambina" und „Schlager-Süßtafeln" vom VEB Rotstern Schokoladenwerk in Saalfeld (7 Prozent Kakao, jede Menge Fett, statt teurer Mandeln wurden Haselnüsse mit gemahlenen Erbsen vermatscht) einen wenn auch kleinen Bogen. Nein, das lag – wenigstens bei mir, die ich Süßes eh nicht besonders mag – nicht nur am Zahnwehmännlein … Die DDR-Schokolode knirschte irgendwie zwischen den Zähnen. Fand ich wenigstens. Ja, ich weiß: Es gibt heute viele der DDR-Süßigkeiten wieder. Mit anderer Rezeptur, kann ich nur hoffen. Und nein: Die meine ich nicht und spreche sie hiermit von allen Verdächtigungen frei.

Ob das Angstmachen durch Karius und Baktus auch funktioniert hat? Ich habe da meine Zweifel. Denn – ich zitiere: „Da ging es erst richtig los, das gute alte ‚Tritop‘, die dreieckigen ‚Sunkist‘-Tüten und ‚Quensch‘ in allen Variationen wurden jetzt erst recht in Massen eingeflößt. Das magenverklebende ‚Hubba Bubba‘ (…), ‚Bazooka Joe‘ und ‚Treets‘ wurden eimerweise gekaut – stets in der Hoffnung, irgendwann eines abends Karius oder Baktus in den Zwischenräumen unseres ‚Esszimmers‘ begrüßen zu dürfen …" *(Danke, Marco74)*. Tja, Herr Egner, Ihr gut gemeinter, pädagogisch sicher wertvoller Beitrag zur kindlichen Zahngesundheit ging ja wohl stellenweise ein bisschen nach hinten los. Gar keine Frage: In Sachen Abschreckung hatte das fiese Zahnwehmännlein-Ost eindeutig das Hämmerchen vorn.

Da wir gerade bei den Beißwerkzeugen sind: Einen berüchtigten Kieferorthopäden gab es auch gleich um die Ecke. Er trug im Volksmund den bezeichnenden Spitznamen „Klammeraffe". Und natürlich war ich keine Ausnahme: Auch mir verpasste er eine Klammer, der Klammeraffe. Zum Glück aber nur eine ganz kleine, um den Kiefer oben zu weiten. Ich habe zwar im Laufe der Jahre durchaus eine größere Klappe bekommen, aber ich glaube kaum, dass die Klammer damit zu tun hatte. Oder doch? Weiß die Zahnfee!

Weltraumflug und Legosteine

Jetzt sind wir schon beinahe in der Fußgängerzone. Und genau hier machte auch der berühmteste aller Vogtländer im September 1978 Station, um sich von einer als Neuberin verkleideten Schauspielerin Blümchens und eine Plakette überreichen zu lassen. Na, wer war's? Nein, Sie dürfen keinen anrufen, das muss man schon selbst wissen! Richtig – Sigmund Jähn, nach dem man bekanntlich das „Jähnseits" benannte. Und der 30 Jahre später in der herrlich ironischen Film-Tragikomödie „Goodbye Lenin" sogar Staatsratsvorsitzender werden durfte. Auch auf die Gefahr hin, dass man mir das Honorar kürzt, wenn ich so weiter kalauere: Einer muss noch! Männer mit lichtem Haarwuchs behaupteten in dieser Zeit gern von sich, die Sigmund-Jähn-Frisur zu tragen: vorn Morgenröthe, hinten Rautenkranz (der Geburtsort von Jähn heißt Morgenröthe-Rautenkranz …). Doch ja – ein bisschen stolz waren wir schon. Es drehte sich halt alles um „unseren" Kosmonauten. Der Tag, an dem er und sein russischer Kollege Bykowski nach Reichenbach kamen, war allerdings ausgerechnet ein Sonntag. Natürlich mussten wir als Schulkinder trotzdem antreten. Zum Jubeln abkommandiert (na ja, ich habe schon für Schlimmeres jubeln müssen …). Tatsächlich gab es dann auch ein Gemälde, das die Szene – Jähn wird in einer offenen Limousine durch

Reichenbach gefahren – für alle Zeiten festhielt. Es hing lange Jahre im Foyer meiner Arbeitsstelle, der Bibliothek. Das Bild hat allerdings einen Schönheitsfehler, der mich von Anfang an nervte: Am rechten Bildrand steht eine winkende Frau im weißen Kleid, die einen gefüllten (¿!) Einkaufsbeutel in der Hand trägt, so als ob sie beim Shoppen mal eben, von Begeisterung überwältigt, stehengeblieben wäre. Einen *vollen* Einkaufsbeutel¿ An einem *Sonntag*¿ Das erinnert mich ein bisschen an diese Zeitschriftenfüller von wegen „Finden Sie Fehler, die wir eingebaut haben". Ich hab' ihn, ich hab' ihn! Genaugenommen sogar zwei! Was hab' ich gewonnen¿

Übrigens – das werde ich nicht müde zu erwähnen: Auch der *zweite* Deutsche im All war ein Vogtländer! Nicht gewusst, stimmt's¿ Ulf Merbold stammt aus Greiz, der heimlichen Hauptstadt des thüringischen Vogtlandes und der nächsten größeren Stadt Richtung Nordwesten. Sogar sein ehemaliges Gymnasium wurde nach ihm benannt.

Diese überirdischen Zusammenhänge veranlassten seinerzeit wiederum einen prominenten Kabarettisten und ebenfalls Vogtländer – Hansgeorg Stengel – zu der Behauptung, dass er auch in der engeren Auswahl für die Mission „Vogtländer ins All" gewesen wäre. Viele, meint er, hätten ihn schließlich nur allzu gerne auf den Mond geschossen …

Ja, der erste Deutsche im All war für uns schon

ziemlich aufregend. Doch global gesehen war der erste Mensch auf dem Mond natürlich noch eine ganz andere Hausnummer, in Ost wie West! Thema Nummer eins auf dem Schulweg! Man unterhielt sich ja noch „face to face", wie das neudeutsch heißt und diskutierte über Treibstoffe und selbstgebaute Raketen und all sowas. Bei der ersten Mondlandung im Juli 1969 war ich jedoch gerade mal vier Jahre alt geworden und hatte zunächst noch keine Meinung dazu. Das heißt … Wenig später erreichte mich die Wichtigkeit dieser weltbewegenden Ereignisse schon. Mein vorab erwähnter Onkel brachte mir die Zusammenhänge mit Legosteinen nahe. Hä? Moment mal! Da ertappe ich mich doch selbst bei einem historischen Fauxpas: Ich konnte doch gar keine Legosteine gehabt haben! Aber was hatte ich denn dann? Es sah aus wie Lego, fühlte sich an wie Lego, wir spielten damit wie mit Lego … Das war – Pebe. Nicht der Paukerschreck, der sich ja auch anders schrieb. Sondern PEBE – abgeleitet von den Initialen von Paul Bernhardt (nicht Bernhard Paul, das ist wieder ein anderer!). Pe-Be, also Paul Bernhardt, hatte offenbar das DDR-Lego erfunden. Deshalb Pebe. Geht einem nur schwer über die Zunge. Tut mir sehr leid, das zu sagen, aber DDR-Werber hatten einfach kein Händchen für eingängige Markennamen – oder durften keins haben. Pebe – also wirklich! Die Pebe-Steine sahen aber immerhin den westlichen Noppen-

klötzchen tatsächlich zum Verwechseln ähnlich und waren bis zu einem Rechtsstreit in den 80ern sogar mit diesen kompatibel(!). Und bestimmt viel, viel preisgünstiger. Donnerwetter! Ein kleiner Stein für Kinder, aber ein großer für …

Damit sind wir wieder bei meinem Onkel und den Mondmissionen. Er baute mir das Lunamobil, das Fahrzeug für die Mondlandschaft, mit „Pebe" nach und erklärte mit viel Liebe zum Detail, wie das alles funktionierte bei der Mondlandung. Wenn diese Dinge meinen Onkel so nachhaltig beeindruckten, dann musste das schon etwas Wichtiges sein, dachte ich zu Recht.

Ein paar Jahre später, es muss Apollo 14 gewesen sein, guckten meine Tante und ich gebannt in das kleine Guckloch, das vorgab, ein Schwarz-Weiß-Fernseher zu sein. (Mein erster Computer hatte dreißig Jahre später noch einen Monitor in jener Größe …) Irgendwas Spannendes passierte da gerade auf dem Mond. Währenddessen lag mein knapp 9 Monate alter Cousin „unten ohne" auf seiner Wickeldecke und machte, während da draußen im Weltall umwälzende Dinge passierten, unbeobachtet, aber leider nicht geruchlos, ein gepflegtes Häufchen. Banales und Erhabenes liegen eben oft sehr nah beieinander. Im wahrsten Sinne des Wortes. Sollten wir darüber nachdenken? Ich glaube nicht.

Turnschuhcrash und Satenbroße

Aber wenn wir schon mal hier stehen, kurz vor der Fußgängerzone, kann ich Ihnen auch das Optiker-Geschäft, das mein Opa 1933 gründete, zeigen. Im Moment gehört es noch meinem Onkel, demnächst meinem Cousin. Auch meine Eltern waren Optiker. Und einen zweiten optikernden Cousin gibt es auch. Wir haben also den totalen Durchblick, könnte man meinen. Doch ich bin sozusagen der Familienschandfleck, das schwarze Schaf: Ich bin – Sie ahnen es! – *kein* Optiker, sonst würde ich ja Brillen und keine Geschichten machen. Und bis vor kurzem *hatte* ich noch nicht mal eine Brille – nicht mal das! Jetzt habe ich eine, zum Lesen. Nicht, um mich um jeden Preis mit der Familiengeschichte zu versöhnen oder besser: sie mit mir – sondern weil ich sie, die Brille, leider *brauche.* Eigentlich könnten wir über den Familienbetrieb den schon etwas betagten Werbeslogan für einen Joghurt hängen: Früher oder später kriegen wir Euch!

Meinem Opa hätte das sicher gefallen, war er doch einem guten Spruch selten abgeneigt. Und so kursieren in der Stadt und in der Familie noch immer einige seiner besten Wortspiele. Das ist für mich nun schon über vier Jahrzehnte her, aber ich muss immer noch manchmal grinsen, wenn ich in meiner Küche in einer *Satenbroße* rühre oder eine *Silzpuppe* koche. Ach, Opa …

Opa hatte auch einen speziellen Sehtest – wohl eher einen Seetest – für seine Kunden, nämlich: „Wenn Sie die Nordsee sehen können, ist die Brille richtig!" Nordsee? Tatsächlich gab es auf der anderen Straßenseite einen Fischladen, der „Nordsee" hieß und dies auch mit weithin sichtbaren, großen Buchstaben verkündete. Warum es gerade die *Nord*see sein musste und warum diese sozialistische Handelsorganisation ausgerechnet das westliche Feindgewässer im Namen tragen durfte – Fragen über Fragen …

Gleich hier – ein Geschäft davor – war auch die Sport-HO, wo es, theoretisch, versteht sich, Sportgeräte und -bekleidung zu kaufen hätte geben sollen. Nach dem Motto: „Hier gibt's keine Turnschuhe. Keinen Fisch bekommen Sie gegenüber!" Doch halt – einmal, einmal habe ich hier auch etwas – erstanden natürlich: Turnschuhe. Richtige Turnschuhe. Also nicht diese Einheitsturnschuhe für den Schulsport namens „Germina", dunkelblau, aus Stoff und vorn mit weißer Gummi-Kappe. Heute würde man sie vermutlich „Chucks" nennen. Die sind jetzt – ich fasse es nicht! – wieder Kult und als „Vintage-Mode" sogar noch original erhältlich. Im Westen, hat man mir glaubhaft versichert, waren die sicherlich von einer anderen Firma, sahen aber verblüffend ähnlich aus. Hüben wie drüben durfte man sie nur und ausschließlich in der Turnhalle tragen. Wenn man dieses Gebot übertrat und einen die ehemals weißen Sohlen verrieten, dann gab's einen Mega-Anschiss – vom Sportlehrer, Hallenwart, Hausmeister – wem auch immer. Denn Turnschuhe waren eben zum Turnen da – und zu sonst nix. Das mit der Outdoor-Mode kam viel später.

Aber wenn wir schon dabei sind: Meine heißgeliebten, weiß-blauen Lederturnschuhe, die ich erstand, waren nach heutigen Maßstäben eher Sneakers. Und ich trug sie buchstäblich, bis sie auseinanderfielen. Letzteres passierte nach einem komplett verregneten Urlaub in Thüringen, in dem sie an jedem einzelnen Tag mindestens einmal nass und wieder trocken werden mussten. Das war zuviel, selbst für echte Qualitäts-Turnschuhe. Sie lösten sich auf. Die Sohle ging ab, die Nähte auf – und ich vor Kummer ein. Naja, ganz so schlimm war es nicht. Ich habe sie auch nicht würdevoll bestattet, sondern nur mit äußerstem Bedauern in den Abfall geworfen. Aber es war trotzdem ein echter Verlust.

Filmkonsens und Postmoderne

An diesem Verlust-Geschäft, der ehemaligen Fisch-HO und noch einer ganzen Menge anderer erinnerungsbehafteter Orte entlang schlängelt sich also die Fußgängerzone. Hier zum Beispiel war mal ein kleines

Kino, die „Schauburg", in der wir 1988 mit dem Jugendkreis den damals ungeheuer brisanten DEFA-Film „Einer trage des anderen Last" sahen: Ein junger Christ und ein Marxist treffen sich in der Story Anfang der 50er in einem Lungensanatorium und müssen unfreiwillig ein Zimmer teilen. Heftige Diskussionen sind aufgrund der kontroversen Weltanschauungen vorprogrammiert. Im Laufe der Handlung allerdings entdecken die beiden gemeinsames humanistisches Gedankengut. Ein Film also, der für den Dialog zwischen Christen und Marxisten wirbt. Heute sagt man sich vielleicht „Na und? Das ist alles?" und zuckt die Achseln. Für uns war es schon eine Sensation, dass dieser Film produziert und gezeigt werden durfte. Und auch noch den Christen nicht lächerlich machte, sondern im Gegenteil ganz gut aussehen ließ. Unfassbar! Unvergesslich für mich auch, denn an der Kinotür hielten sich unser Jugendleiter und ein ebenfalls die Vorstellung besuchender, stadtbekannter Parteifunktionär gegenseitig höflich und mit einem Lächeln die Tür auf … Ging doch! Solche Bilder vergisst man nicht. Übrigens: Der Film erhielt doch tatsächlich das Prädikat „Besonders wertvoll" und avancierte zum Publikumshit. Vielleicht genau deshalb.

Kurz bevor nun diese Fußgängerzone endet, befindet sich rechts ein sehr markantes Eckhaus im Jugendstil. „Wie in New York!", schrie mal einer meiner auswärtigen Besucher begeistert bei seinem

Anblick. Das ging mir als Eingeborener zwar runter wie Öl. Und gut, ja, zugegeben … eine kleines bisschen Ähnlichkeit mit der New Yorker Börse hat das Haus schon, zumindest auf den ersten Blick. Aber ansonsten stehen die doch eher überdimensionierten Vergleiche mit der Wallstreet der vogtländischen Denkart diametral gegenüber. Wo nämlich die Menschen am anderen Ende Deutschlands oder meinetwegen auch in Übersee „Boah, suuuper!!" brüllen, da sagt der Vogtländer schlicht „ned ganz schlecht". Das ist der berühmte kleine Unterschied.

So. Auf der anderen Seite haben wir nun das historische Postamt, was mich gedanklich zurück zu meinen diversen Briefkontakten bringt. Wir hatten eine besonders findige Briefträgerin. Später hieß dies übrigens „Wohnblockzustellerin" – eine Bezeichnung mit wahrhaft schwerathletischem Anspruch. Sie sortierte zu genau der Zeit ihr tägliches Verteilpensum, wenn ich zur Arbeit an der Post vorbeiging – und warf mir meine Post manchmal kurzerhand aus dem Fenster zu. Stellen Sie sich das heute mal vor! Wenn mir da morgens einer meine Mails zuwerfen würde …! Aua. Die Mail selbst wäre ja nicht so schlimm. Aber der Umschlag! Lassen wir das lieber …

Hier auf dem Postamt mussten oder besser durften wir auch unsere Pakete abholen. Westpakete natürlich, wenn wir zu den Glücklichen und Privilegierten gehörten, die ein solches bekamen. Eine Zeit lang hatten wir da auch ganz pfiffige, menschenfreundliche Postangestellte sitzen, im Volksmund kurz "Postler" genannt. Die schrieben bei entsprechender Paketgröße "Handwagen mitbringen" auf den Abholzettel, den man dann und wann im Briefkasten fand. Ein Ereignis, das einem das Herz bis zum Hals schlagen ließ. Ein Westpaket, ein Westpaket! Von wem? Und was mochte wohl drin sein? Und was hatten die Grenzkontrollen drin *gelassen*? (Auch nicht ganz unwesentlich, die letztere Frage …) Kaffee, Kakao, Schokolade … Wer brauchte denn so was?! Aber einmal zu den "Coolen" in der Klasse zu gehören und angesagte Sachen zu tragen – das wär's doch! Verwandte hatten wir keine "drüben". Hilf dir also selbst … Um doch auch mal an ein paar "Westklamotten" zu kommen, suchte ich mir, oft auf abenteuerlichem Wege, jede Menge Brieffreundinnen im "Feindesland" (wir sprachen schon davon), die mir dann auf Nachfrage ihre gebrauchten Sachen schickten. Hatte nur einen Haken: Ich war ziemlich lang geraten. Die Brieffreundinnen häufig eher nicht. Kleidung kann man mit etwas Geschick kleiner machen. Größer kaum. Was dazu führte, dass ich mich noch mit einer gefühlten Größe 42 oft in eine 38 zwängte. Zum Glück gibt's davon keine Fotos! Sehen Sie? Wieder ein Punkt gegen Facebook! Und was den naiv-sentimentalen Einwand betrifft: "Das mit den Markenklamotten gab es früher nicht!" Oh doch, gab es wohl. Es hieß nur anders.

Nicht ganz überraschend heißt der sich anschließende freie Platz hier Postplatz. Dahinter die Trinitatiskirche, in der ich konfirmiert wurde. Geht man von hier aus durch den angrenzenden „Alten Friedhof", schaut man auf einen sehr steilen Berg, den Liebauberg. Die Straße stellt sowohl für beleibte Fußgänger als auch für Autofahrer und ihre vierrädrigen Untersätze eine nicht unerhebliche Herausforderung dar. Wer hier bei „Anfahren am Berg" in der Fahrschule gepennt hat, sieht ganz schön alt aus. Definitiv. Eigentlich sollte man hier Autos ausprobieren! Genau. Dachte sich auch August Horch. Der hatte von 1902 bis 1904 ein paar Straßen weiter seine Fabrik und testete tatsächlich hier seinen „Horch Tonneau", das erste sächsische Automobil. Hätten Sie nicht gedacht, oder? Ich gestehe, ich wusste dies auch lange Zeit nicht – und bin schon ein bisschen stolz auf diesen „Horch-Posten". Nein, eigentlich gehört diese Episode nicht in meine ganz persönliche Geschichte. Aber ich wollte auch mal ein wenig angeben. „Strunzen" nennt man das da, wo ich jetzt wohne.

Führerschein und Autowissen

Aber wenn Sie unbedingt wollen: Ja, ich hätte beim Anblick des Liebauberges auch noch was Persönliches

zum Thema Auto beizutragen. Hier führte nämlich meine Fahrschul-Prüfungsstrecke entlang. Das war schon 1991, wie ich mit meinem ersten Führerschein beweisen kann. Er ist aus schweinchenrosa Papier und es steht ganz dick „DDR" auf der Vorderseite. Na? Gemerkt? Ostführerschein, gemacht 1991? Geht gar nicht. Ein Anachronismus, richtig. Die guten Leute auf dem Amt dachten sich wohl: „Schade um die schönen Formulare! Die brauchen wir noch auf!" Und so fuhr ich mit meinem Anachronismus noch fast zwanzig Jahre (unfallfrei!) durch die Gegend. Mein jetziger Führerschein dagegen ist eine winzige Plastikkarte, bei der man aufpassen muss, dass man sie nicht aus Versehen einatmet. Ist das besser? Ich weiß wirklich nicht …

Sieben Jahre hätte ich zu DDR-Zeiten warten müssen, um in der einzigen staatlichen Fahrschule am Ort irgendwann den Führerschein machen zu dürfen. Dafür hätte er mich auch nur einen niedrigen dreistelligen Betrag gekostet, aber über dieses Thema schweigen wir besser. Da ich damals sowieso keine Möglichkeit sah, jemals an ein Auto oder wenigstens einen Trabi zu kommen – woher hätte ich schließlich 14 000 Mark zaubern sollen? – hatte ich die Anmeldung schlicht unterlassen. Spielte in meiner persönlichen Lebensplanung wirklich keine große Rolle. Dann kam die Wende – und alle wollten plötzlich einen Führerschein. Ich auch. Fahrschulen schossen wie Pilze aus dem Boden.

Da war ich 25. 18 Jahre bei Anmeldung plus sieben Jahre warten – hätte auch 25 ergeben (Rechenschieber, Überschlag!). Ich hatte also bei Lichte besehen in Sachen Führerschein keine Zeit verloren. Und nun saß ich da in der „Theorie" – in einer beinahe reinen „Mädelsklasse". Wir sollten das gewünschte Fahrschulauto auf dem Anmeldeformular eintragen. Zur Auswahl standen ein 3er-BMW und ein kleiner Peugeot. Jahaa, jetzt weiß ich, wie man letzteren schreibt. 1991 nicht. Wir angehenden Automobilistinnen wussten es allerdings *alle* nicht. Logische Folge: Der BMW gewann haushoch. Aber immerhin bin ich mal einen gefahren, auch wenn ich heute sicher mehr Spaß daran hätte. Bei der praktischen Prüfung erwischte es mich dann eiskalt – in Gestalt des strengsten Prüfers, den die DEKRA seinerzeit in Reichenbach im Angebot hatte. Aber ich hatte einen netten Fahrschullehrer, der das Unheil kommen sah und geschickt abwandte. Erstens kannte er den Prüfer und dessen bevorzugte Strecke – und die übten wir, bis der Arzt kam: „Und an dieser Stelle wird er sagen: ‚Warum schleichen Sie denn so? Gaaaaaas!' – Und dann sagen Sie: ‚Hier darf man nur dreißig!'" Zweitens brüllte er, der Fahrlehrer, mich in den letzten Fahrstunden in unregelmäßigen Abständen unvermittelt an – und entschuldigte sich sofort wieder dafür. Er wollte mich halt nur optimal vorbereiten … und es scheint funktioniert zu haben. Ich habe beim ersten Versuch – trotz des wirklichen

Horror-Prüfers – bestanden. Und alle, die die Unterschrift auf meinem Führerschein lasen (und den Unterschreibenden kannten), bekamen ein Glitzern der Bewunderung in die Augen. Yeah!

Augenmaß und Gyrosrache

Hier rechts war ein sehr wichtiger Laden für uns, zumindest, als Musik, Klamotten und das andere Geschlecht so langsam interessant wurden: die „Jugend-Mode". Aufgrund eines größeren Importes erhielt ich hier in der Weihnachtszeit 1979 meine erste Levi's-Jeans. Ich weiß es noch genau: Sie kostete meine arme Mutter 180 DDR-Mark. „Ja", höre ich da jauchzen, „das ist doch für eine Levi's ganz okay." Aber nicht, wenn das fast die Hälfte des Monatseinkommens ist. Wir standen. Und standen. Und standen. Vom Verkaufsraum im oberen Stockwerk die Treppe runter, durch den unteren Verkaufsraum, aus der Tür heraus und um die Ecke. In Dreier-Reihe, so an die zwei bis drei Stunden. Und dann bekamen wir – per Augenmaß der Verkäuferin – einfach eine in die Hand gedrückt. Passte. Oder auch nicht. Selbst aussuchen? Fehlanzeige. Ich trug meine (die glücklicherweise tatsächlich passte) wirklich und buchstäblich, bis sie auseinanderfiel. Genau wie die Turnschuhe.

Gegenüber, auf der Ecke, gab es die ersten kulinarisch-westlichen Ausländerkontakte nach der Wende. Ein griechisches Ehepaar machte einen Imbiss auf, und wir lernten „Gyros" kennen. Genial! Es gibt sie noch, mittlerweile auch mit einem kleinen Lokal auf der Weststraße (ja, die hieß natürlich vor der Wende anders!), und ihr „Gyros" ist ein – wie nennt man das heute korrekt? – „Must-have", wenn ich mal da bin. Irgendwie machen die ihn hier anders, jedenfalls besser als anderswo. Irgendwann passierte die Katastrophe, und der Imbisswagen brannte ab, weil ein gestörter Zeitgenosse Feuer gelegt hatte. Er wurde gefasst – und wieder, weil minderjährig, laufen gelassen. Die wütenden Reichenbacher indes veranstalteten in der Kirche ein Benefiz-Konzert für „ihre" Griechen, und letztendlich bekamen diese einen viel schöneren, neuen Imbisswagen. Hören Sie das Frohlocken in meiner Stimme?

Ja, natürlich gab es auch schon früher Ausländerkontakte. Kubaner und Vietnamesen gab es in der Stadt zuhauf. Sie machten eine Ausbildung in der Metall- oder Textilbranche, bevor sie in ihre Heimat zurückgehen und dort das Gelernte für ihr Heimatland gewinnbringend einsetzen und weitergeben sollten. Verbindungen zur hiesigen Bevölkerung waren nicht erwünscht. Wenn es zu Kollisionen kam, dann lautete der stereotype behördliche Kommentar: „Unsere Bevölkerung muss sich an die Mentalität

unserer Gäste gewöhnen!" Natürlich gab es in diesem Zusammenhang auch lustige Begebenheiten, selbst wenn das „damals" sicher gar nicht so witzig war. Zum Beispiel, wenn Vietnamesen mit asiatischem Handelssinn einfach vor der Ladentheke stehen blieben, auch wenn der genervte Verkäufer „Nein, haben wir nicht!" gesagt hatte, was in den meisten Fällen auch der Wahrheit entsprach. Für Asiaten hieß und heißt das aber nur: Standhaft stehen bleiben und warten, irgendwann wird das Gesuchte schon noch rausgerückt. Die Schlange dahinter und die Gesichter der Wartenden wurden derweil lang und länger und noch länger …

Aber natürlich gab es auch positive bilaterale Kontakte, vor allem zu den Vietnamesen (die waren uns Deutschen mit ihrem Sinn für Präzision, Fleiß und Pünktlichkeit wohl irgendwie näher als die lebenslustigen, aber arbeitstechnisch eher mühsamen Latinos): Vietnamesen nähten. Mit uralten, urdeutschen Nähmaschinen. Die „Freie Presse" (der Name war damals der pure Hohn!) war ständig voll von Kleinanzeigen: „Gesucht Nähmaschine Singer oder Pfaff" – und dann ein unaussprechlicher vietnamesischer Name. Klar, die guten, alten Maschinchen mit ihren robusten Nadeln gingen durch alles: vor allem auch durch Jeans- und Cord-Stoff, auch durch Baumwolle (sprich Kinderbettlaken in Pastellfarben). Das wussten die cleveren Asiaten natürlich – und nutzen dieses Wissen gewinnbringend. Faszinierend: In Nullkommanichts hatten sie gemerkt, dass es in Deutschland-Ost keine modischen Hosen zu kaufen gab. Also? Selbst machen, wenn es die Deutschen selbst nicht zuwege brachten. Nähmaschine kaufen, Stoff besorgen (aus Südkorea, habe ich läuten hören) inklusive der Schilder und Etiketten und dann – Maß nehmen. Es ist und bleibt ein Wunder vor meinen Augen, aber: Vietnamesen brauchten kein Maßband. Ein, zwei prüfende Blicke genügten – und die fertige Hose passte. *Immer.* Ich hab's erlebt und bürge für den Wahrheitsgehalt! In die Hose, rosa war sie (!), die pastelligen 80er eben, würde ich allerdings höchstens noch mit einem Bein passen … Aber das liegt nicht an den Vietnamesen.

Wandertag und Montags-Demo

Ach ja, und hier kommt das Kinder-Kaufhaus. Auch wenn ich jetzt jahrelange Überzeugungen erschüttern sollte: Nein, hier holte der Papa nicht den kleinen Bruder! Aber ich habe mir, meist nachdem es Zeugnisse gegeben hatte, daselbst ein Stofftier erbettelt. Wenn es welche gab. Meistens gab es keine, und wenn doch, musste man nehmen, was man kriegen konnte. Egal ob Hund, Katze oder Maus.

Weiter Richtung Markt zum Rathaus. Früher war's der „Rat des Kreises", und ich verbinde auch damit einige unvergessliche Bilder. Beim ersten tun mir unwillkürlich die Füße wieder weh. Es muss so in der dritten Klasse gewesen sein. Wir hatten Wandertag. Für die Nachgeborenen: Wandertag bedeutete tatsächlich – wir wandern. Heißt: Wir gingen auf unseren eigenen Füßen zu einem vorher ausgesuchten Ziel – und zurück, jawoll. Mit Rucksack, Hut und Wanderstock. Und vor allem mit hartgekochten Eiern und belegten Broten. Letztere in Plastik-Brotbüchsen, die zwar immer zu-, aber höchst selten wieder aufgingen. Nur, wenn man gehörig die Backen aufblies und dann mit aller Kraft in die Griffaussparung pustete, hatte man eine geringe Chance, dass sich der Deckel hob und man doch noch an den nahrhaften Inhalt kam. Ja also – wir hatten Wandertag. Es sollte zum „Perlas" gehen, einem Aussichtsturm bei Treuen, der ziemlich einsam in der Prärie stand und noch steht. Mehr als zwölf Kilometer – *eine* Strecke, versteht sich. Meine damalige Klassenlehrerin trug in Elternkreisen den unschönen, aber bezeichnenden Spitznamen „Rennsemmel". Leider zu Recht … Außer sehr schöner Aussicht gab es beim „Perlas" nichts zu holen. Ich frage mich gerade, womit man Drittklässler im Jahre 2014 zu solch einer Tour motivieren könnte … Höchstens mit Geocaching, oder?

Das Wichtigste an speziell diesem Wandertag war für mich aber nicht der angepeilte Aussichtsturm, sondern etwas ganz anderes: Ich hatte neue Schuhe. Und die wollte ich natürlich vorführen. Sie ahnen es vielleicht ... Wandern in neuen Schuhen – keine gute Idee! Sogar eine ausgesprochen schlechte Idee! Es kam, wie es kommen musste: Nach ein paar Kilometern bestanden meine armen Füße nur noch aus Blasen. Und das war erst der Hin-Weg. Wie ich die Wanderung letztendlich bewältigt habe, weiß ich nicht mehr. Zur Ehrenrettung der „Rennsemmel" sei angemerkt, dass sie sogar heldenhaft mit mir die Schuhe tauschen wollte. Ging aber nicht. Auf jeden Fall kam ich irgendwie auf eigenen Füßen wieder zurück. Bis zum besagten hohen Haus, eben dem „Rat des Kreises", am Markt. Umgeben von einer Mauer und mit einem eisernen Geländer begrenzt. Bis zu dieser Mauer schaffte ich es gerade noch, setzte mich mit ausgestreckten Beinen darauf und weigerte mich schlicht, weiterzugehen. Aus menschlicher Sicht sicher verständlich. Staatspolitisch jedoch nicht vertretbar. Man sitzt nicht mit Blasen an den Füßen und völlig fertig vor dem wichtigsten Haus am Platze. Ich bekam jedenfalls von meiner Klassenlehrerin, die mein Fehlverhalten beobachtet hatte, am nächsten Tag einen Rüffel deswegen. Wahrscheinlich verstieß meine Rast gegen den berüchtigten § 222 des ehemaligen DDR-Strafgesetzes:

„Wer in der Öffentlichkeit die Staatsflagge, das Staatswappen oder andere staatliche oder staatlich anerkannte

Symbole der Deutschen Demokratischen Republik, Symbole der gesellschaftlichen Organisationen oder Symbole anderer Staaten böswillig zerstört, beschädigt, wegnimmt oder in anderer Weise verächtlich macht, wird mit Freiheitsstrafe bis zu zwei Jahren oder mit Verurteilung auf Bewährung, Haftstrafe, Geldstrafe oder mit öffentlichem Tadel bestraft."

Oha. Dann … hätte ich das wohl lieber gelassen. Obwohl … was heißt hier „böswillig"?! Mit etwas gutem – wohl eher bösem – Willen kann man als Staat wohl damit eben einfach *alles* begründen und de facto bestrafen, man muss sich noch nicht einmal besonders anstrengen. Jede Diktatur, die etwas auf sich hält, hat so einen Gummi-Paragraphen – achten Sie mal darauf!

Die Mauer um das heutige Rathaus, auf der ich mit meinen geschundenen Füßen saß, spielte Jahrzehnte später noch eine wichtige Rolle, und zwar als unfreiwilliges Beleuchtungsobjekt, an dem ein heutiger Aktionskünstler seine wahre Freude gehabt hätte: 1989 – Zeit der Montags-Demos. Hunderte von Demonstranten hatten ihre Kerzen, wohl auch als Zeichen des Protestes, auf Mauer und Eisengeländer abgestellt. Es sah gigantisch aus, als wir viel später am Abend auf dem Rückweg von der Jugendstunde über den inzwischen menschenleeren Markt gingen. Eigentlich eine Märchenkulisse. Aber natürlich war alles mit Wachs betropft. Am nächsten Morgen, nur wenige Stunden später, führte mich mein Weg zur Arbeit exakt wieder hier entlang. Und – Geländer und Mauer glänzten wachslos, ja geradezu jungfräulich. Wer hatte da die ganze Nacht hindurch geschrubbt bzw. schrubben müssen? Sicher nicht die Heinzelmännchen, denn die wohnten ja bekanntlich in Köln und hätten erst einmal umständlich die Einreise beantragen müssen ...

Bücklingsschmaus und schiefe Bücher

Von da an geht's bergab, und zwar heftig. Die steile „Lange Gasse" ist weder bei heißen Temperaturen noch bei Eisglätte zu empfehlen. Und das weiß ich genau, denn ich ging sie unzählige Male – hinauf und herunter. Egal, ob es mein Weg zur Arbeit oder der Weg zur Gemeinde war – bis auf ein paar Meter waren diese sowieso identisch. Zunächst jedoch ein „Kurzwarenladen". Dieser Name hat mich schon immer fasziniert. Warum heißen Kurzwaren Kurzwaren? Weil es einem meist *kurz*fristig einfiel, dass ein Knopf fehlte oder ein Reißverschluss? Keine Ahnung. Es gibt solche Läden kaum mehr, deshalb ist es nicht mehr wichtig. Schade eigentlich. Und: Wo kauft man heutzutage ... Knöpfe zum Beispiel? Und wie suche ich sie aus, wenn keine freundliche Verkäuferin mir mehrere dicke Pappkartons zeigt, auf denen die Musterknöpfe außen aufgespießt sind? Die letzten Knöpfe habe ich auf einem Flohmarkt gekauft. Demnächst werde ich sie mir wohl selbst auf einem 3-D-Drucker ausdrucken müssen. Kinders, was macht Ihr bloß mit mir! Obwohl … die Geschichte mit dem Drucker fände ich schon wieder spannend!

Jetzt nach rechts, um die Ecke. Da kommt der weit über die Stadtgrenzen hinaus berühmte „Fisch-Schmidt", bei dem wir Bibliothekare gute Kunden waren (mmmmh, dieser Bücklingssalat! Und der heiße Backfisch! Der würde doch glatt sämtliche „Topfgeldjäger" der deutschen Fernsehlandschaft – oder wie sie alle heißen – dumm dastehen lassen!).

Direkt anschließend trifft man auf Kultur, damals wie heute. Hier war die „Stadt- und Kreisbibliothek", und hier habe ich meine ersten Schritte im Berufsleben getan, wie es so pathetisch heißt. Habe Bücher sortiert und katalogisiert, gestempelt und geklebt, abgewaschen und Leute beraten, oft ohne selbst nennenswerte Ahnung gehabt zu haben. Und kann – wie das Leben manchmal so spielt – eine ganz erkleckliche Menge des Gelernten in einem anderen Beruf an einem anderen Ort noch gebrauchen. Irgendwann – da war ich schon woanders – zog die Bibliothek weg, ganz in die Nähe der „Villa", in der ich zuletzt wohnte. Und in den 90ern dann als „Jürgen-Fuchs-

Bibliothek" ins ehemalige Gebäude des Rates des Kreises (ja genau, wo ich mit meinen wandermüden Füßen saß …) auf den Markt. Kann man als Bibliothekarin übrigens auch eine Berufskrankheit kriegen? Aber sicher! Der klassische Bibliothekarstod ist: aus dem obersten Regal Bücher auf den Kopf kriegen. Abgesehen davon machen mich nicht akkurat in einer Reihe, sondern schief und krumm im Regal stehende Bücher bis heute total nervös!

Jugendkreis und Glaubensfragen

Gehe ich jetzt weiter in Richtung „untere Stadt", streifen wir einmal mehr das Neuberin-Museum (für so viel gepflegte Schleichwerbung sollte ich mich langsam bezahlen lassen, finden Sie nicht?). Aus einem Fenster im obersten Stockwerk, das fällt mir gerade so beim Vorbeigehen ein, schaute der damalige Museumsleiter nach der Verpuffung beim Rangierunfall relativ hilflos heraus. Die Treppe konnte er nicht mehr hinunter, die war teilweise eingestürzt. Doch sonst war ihm außer einer soliden Staubschicht nicht viel passiert. Die Feuerwehr rettete ihn schließlich, und ab da hieß er im Volksmund nur noch „Günther, der Verstaubte". Zugegeben nicht politically correct, aber zutreffend.

Doch auch den verstaubten Günther lassen wir jetzt links liegen und schon stehen wir vor „meiner Gemeinde" – der Landeskirchlichen Gemeinschaft, kurz LKG (da bekam ich in der Berufsschule echt Verständnisschwierigkeiten, denn für eine anständige Bibliothekarin bedeutete die Abkürzung „Leipziger Kommissions- und Großbuchhandel"). Tief im sächsischen Pietismus verwurzelt besuchte ich hier also Sonntagsschule, Kinderbibelkreis, Jugendkreis, Chor und Gemeinschaftsstunde, kurz „Stund" genannt. Wieder eine deutschlandweite Bezeichnung: Im ebenso traditionsträchtigen schwäbischen Pietismus heißt die Veranstaltung ganz genauso ...

Hier lernte ich Gott als Vater und Jesus als Bruder und Erlöser kennen und lieben. Ja sicher – auch die eine oder andere Irrung und Wirrung machten wir mit. Wir glaubten zeitweise doch tatsächlich, Musik mit Schlagzeug wäre vom Teufel, genauso wie das Saxofon (Kalauer gefällig? Letzteres wurde in Sachsen erfunden, sonst hieße es ja Preußofon ...). Und wir waren auch überzeugt davon, dass – wenn man nicht furchtbar aufpasste – ab und an satanische Musik aus dem Radio kam. Weil jemand dem Titel – Obacht! – eine Rückwärtsbotschaft untergemischt hatte. Backward Masking nannte sich dies und ist bis heute nicht eindeutig bewiesen. Aber wir hatten heftig Angst davor. Bis mal einer fragte, was man denn tun sollte, wenn man gerade die Wohnung renovierte und solche Musik aus dem Radio käme: die Farbfinger in die Ohren stecken? Oder nur noch Klassik hören? Auch problematisch: Mozart war schließlich Freimaurer, um nur ein Beispiel zu nennen. Also besser auf die Kraft und den Schutz Gottes vertrauen und fröhlich und mit Eigenverantwortung seinen Weg gehen. Gute Idee!

Noch heute aber arbeiten hier in „meiner" alten Gemeinde viele Verwandte, Freunde und Bekannte mit viel Liebe und Engagement am Reich Gottes. Seid mir gegrüßt – und bleibt behütet! Oder wie man früher oft sagte: „Im Herrn verbunden!" Genau – das sind wir.

Blauer Bach und Parkanlagen

Jetzt sind wir fast ganz „unten" angekommen. Da wo der Raumbach fließt. Und der Seifenbach. Und ein paar Kilometer weiter die Göltzsch. Eines dieser Bächlein muss – so zumindest die Legende – früher mal irgendetwas Edles, Wertvolles befördert haben. Sonst hieße die Stadt ja nicht so. Es muss irgendwann einmal einen reichen Bach gegeben haben. Ja, ich weiß: Jedes Reichenbach – und es gibt in Deutschland eine ganze Menge davon – behauptet das von sich. Ist ja auch nahe liegend bzw. fließend. Doch edel war dieser Teil der Stadt keineswegs. Ich wage es ja kaum zu schreiben, aber wenn wir einen Bewohner der „unteren Stadt" richtig ärgern wollten, dann nannten wir, die wir „oben" wohnten, die Gegend bei ihrem bösen Spitznamen: Schnappmesserviertel. So ganz geheuer war es hier, vor allem nachts, nicht. Viel weitläufiges Industriegelände, teils verwahrlost. Katastrophale Bausubstanz, Verfall rundum. Und dem Raumbach sah man immer an, in welcher Farbe in den umliegenden Betrieben gerade gefärbt wurde. Mal war er grün, mal lila … Nach der Wende wurde es eigentlich nur noch schlimmer. Es ging – im wahrsten Sinne – fast alles „den Bach runter".

Dann passierte den Reichenbachern 2009 ein kleines Wunder, und das hieß: Landesgartenschau. Die verfallenen Industriegebäude verschwanden. Ja okay, nicht ohne Schmerzen. Denn die abgerissenen Fabrikruinen waren ja einstmals der Stolz der Werktätigen, und das Gewerbe durchaus historisch gewachsen: Textilindustrie mit allem, was dazugehörte. Spinnerei, Weberei, Färberei. Zunehmend natürlich für den Export. Es gab seinerzeit das Gerücht, ein Transporter hätte sich in den 80ern im Morgengrauen in den teils engen Gassen so verfahren, dass er nicht mehr vor- oder rückwärts konnte. Und die morgens zur Arbeit eilenden sozialistischen Werktätigen erfuhren auf diese Weise, an wen ihre im Schweiße des Angesichts hergestellten Stoffe geliefert wurden: C&A.

Dass dieser bis 1863 zurückreichenden Industriegeschichte nun buchstäblich der rote Faden abgeschnitten wurde, ja, das tat und tut weh. Zumal es durchaus Parallelen zu meinem jetzigen Wohnort gibt. In Reichenbach/Vogtland heißt die kleine Seitenstraße im Tal Richtung Mylau beispielsweise „Am Walkholz". In Langenberg/Rheinland heißt sie „Walkmühlenweg". Das ist nun wirklich ein kleiner, ein ganz kleiner Unterschied. Müßig zu bemerken, dass sich die beiden Lokalitäten sehr, sehr ähnlich sehen, was mir half, mich schnell „heimisch" zu fühlen. Im Jahr unserer Hochzeit fand in unserem jetzigen Heimatort ein künstlerisches „Outdoor-Event" statt. Eine Vor-der-Tür-Ausstellung also. Jede Menge Künstler ließen ihren – zum Teil auch sehr abgedrehten – Ideen freien Lauf. Denn auch Langenberg war einmal Zentrum der Textilindustrie, und dessen sollte gedacht werden. Da habe ich doch meiner Heimatstadt eine ganze Menge sehr warmer Gedanken geschenkt. Und die Geschichten gleichen sich verblüffend …

Ja also: Der Raumbach wurde renaturiert. Und da, wo früher die Schnappmesser schnappten, ist heute der „Park der Generationen". Ehrlich, ich musste schon sehr schlucken, als ich den zum ersten Mal sah … So schön kann es hier aussehen? Oh Mann …

Die Straße entlang, etwas weiter oben, lag der Schulgarten. Bis zur vierten Klasse hatten wir hier

einmal pro Woche Unterricht. Unkraut jäten (für Mädchen). Umgraben (für Jungen). Beim „Unkrautsheriff", so der Spitzname des Lehrers. Ja, hier war die Welt noch in Ordnung! Bis zum Tag, als wir den Zaun zu streichen hatten. Die Kleinen unten, die Großen oben. Wie überall in der Welt. Nur dass die Kleinen heftigst aufbegehrten, und deren Mütter, die danach die Ölfarbe aus den Haaren schneiden und die versaute Kleidung entsorgen mussten, beim Elternabend auch …

Kalle Wirsch und Erdzeitalter

Irgendwann, Ende der 70er, wurden viele der Straßen erneuert. Und das Füllmaterial stammte aus einem für Mineralogen interessanten Gebiet, vermutlich dem Erzgebirge. Brachte man nur genügend Kondition und Konzentration auf, konnte man sehr reizvolle „Funde" machen. Und hier begann auch meine bis heute andauernde Liebe zur Geologie. Ach, diese bunten „Zacken", Quarz-Kristalle natürlich! Die lagen hier herum – einfach so! Und würden demnächst als Straßenbaumaterial für ewig unter Asphaltdecken verschwinden! Das konnte ich nicht zulassen. Schon der Gedanke machte mich rebellisch! Wochenlang hockte ich deshalb Tag für Tag auf den bereitgestellten Steinhaufen – und wendete, ungeachtet heftiger Rückenschmerzen, buchstäblich jeden Stein um. Jeder konnte ja ein „Fund" sein, ein Erfolgserlebnis! Eine ganze Menge meiner kleinen Fundstücke davon habe ich noch – und freue mich ab und zu daran.

Mein Opa unterstützte seinerzeit meine erwachende Leidenschaft für funkelnde Steine – und ging mit mir so manch einen Samstag auf „Steinsuche". Die lukrativen Fundstellen samt einiger Exponate hatte er seinem Friseur – seines Zeichens anerkannter Amateur-Geologe – abgeluchst. (Die Bemerkung „Für Ihren Enkelsohn!" verzeihe ich Ihnen, lieber längst vergessener Friseur, hiermit!) Und wenn ich die damalige Frisur meines Opas (drei Haare, von vorn straff nach hinten gekämmt bzw. geklebt …) bedenke, dann vermute ich, dass er die Friseurbesuche auch ein bisschen mir zuliebe auf sich nahm …

Die Liebe zu den Steinen habe ich übrigens behalten, auch wenn ich jetzt eher in einer Fossilien-Gegend wohne. Immerhin grünten hier vor ein paar läppischen Erdzeitaltern Schachtelhalme! Und die findet man auch noch, wenn man nur an der richtigen Stelle sucht. Unser derzeitiger Vermieter ist übrigens Professor der Geologie … Ach ja, Gott hat Humor! (Erwähnte ich das schon?)

Doch wenn wir schon bei – wie heißt das fachmännisch? – Bodenaufschlüssen sind: Als vor dem

Haus, in dem meine Großeltern wohnten, in den 70ern heftig gebuddelt wurde, vermutete ich eine Kontaktmöglichkeit zum – kleinen König Kalle Wirsch. Der ersten Liebe meines Lebens – im zarten Alter von fünf Jahren! Direkt aus der Augsburger Puppenkiste. Es musste doch möglich sein, mit dem Kerl Verbindung aufzunehmen! Je tiefer das Loch, desto besser – schließlich war König Kalle Wirsch ja ein Erdmännchen. Und am allerbesten sollte man ein Schild vor das Loch stellen, damit er auch kapiert, dass ich etwas von ihm will. Darum habe ich meine Erziehungsberechtigen vehement gebeten. Ich habe es sogar – mangels Schreibvermögen – diktiert, das Schild, meine ich. Aber ich bezweifle, dass es jemals wirklich vor dem Loch gestanden hat. Kinder veräppeln, also wirklich! Die Augsburger Puppenkiste liebe ich allerdings immer noch, trotz Veräppelung. Gesamtdeutsche Gemeinsamkeit gefällig? Unsere Mütter – also meine und die meines Mannes – hießen zeitweise grenzüberschreitend „Mama Wutz" (für die „Nachgeborenen", das ist die Schweinchen-Adoptivmutter vom Urmel). Der „Kleine König Kalle Wirsch" allerdings – na ja … Es war wohl eher meine frühkindliche Solidarisierung mit den Kleinen und Schwachen, die am Ende den Bösen zeigen, wo der Hammer hängt. Das haben die jetzt davon, so!

Windfangtür und Tiefseetaucher

Ja – da sind wir also: vor dem Haus, in dem lange Jahre meine Großeltern wohnten und in dem meine Mutter geboren wurde. Auch dies ein ehemals Ehrfurcht einflößendes, stattliches Gründerzeit-Haus mit sieben Mietparteien. Das Haus hatte seinerzeit einen Hausflur mit dunkelblauen Schmuckfliesen. Nobel, nobel. Und eine Windfangtür, also eine Pendeltür hinter der Eingangstür, um den Hausflur beim Öffnen der Haustür gegen den Luftzug von draußen zu schützen. Eine zweiflügelige, schwere Schwingtür mit Glaseinsätzen, deren Messinggriffe von den unteren Mietparteien mit Hingabe gewienert und poliert wurden, sodass sie wie Gold glänzten.

Wir Kinder hatten ein kleines Spiel: Die Tür bis zum Anschlag aufmachen, und dann – so schnell wir konnten – die Treppe hoch, sodass man beim Zuschlagen der Tür schon in der nächsten Etage und damit außer Reichweite war. Denn nicht selten wurde die angrenzende Wohnungstür gleich darauf aufgerissen und eine erboste ältere Dame erschien im Rahmen. Man hat mich selten oder nie erwischt – damals muss ich wohl irgendwie sportlicher gewesen sein, wenigstens ein Stück weit. Also bitte, nicht lachen! Immerhin kann ich zwei Silbermedaillen von Schulsportfesten – 100-Meter-Lauf, Weitsprung und Schlagball-Weitwurf – vorweisen! Und jetzt Sie!

Kondition brauchte man indes schon, wenn man in diesem Wahnsinnstempo bis zu meinen Großeltern kommen wollte. Selbst bei normalem Tempo und respektvoll behandelter Windfangtür wurde auf dem Weg nach oben schnell die Puste knapp: Sie wohnten nämlich ganz, ganz oben. Hatten aber dafür eine schöne Aussicht.

Hier habe ich viele, viele Stunden meiner Kindheit und Teenagerzeit verbracht. Habe Klavier geübt (unter der strengen Aufsicht meines Opas!) und Badeschaum über den Balkon geworfen, sodass die Passanten meinten, es würde schneien. Hier im Wohnzimmer mit den schweren Eichenmöbeln habe ich mit meinen Cousins „Jacques Cousteau" gespielt. Der französische Meeresforscher hatte es uns gleichermaßen angetan und die Unterwasser-Reportagen, die im Fernsehen liefen (für uns nur schwarz-weiß, trotzdem spannend) beeindruckten uns tief. Das Spiel ging ganz einfach: Opas Schreibtisch war Cousteaus Schiff („Calypso" hieß es, wenn ich mich recht erinnere), der Teppich war der Meeresboden, der Raum unter dem Tisch eine Grotte. Ein beherzter Sprung von Opas Allerheiligstem, und schon ließen sich herrlich Schätze suchen, Kämpfe mit Haien bestehen und all so was. Ganz ohne Computer, man stelle sich vor!

Jeden Samstag kam es hier, wo tags zuvor noch die Haie schwammen, zu einem Familientreffen, wobei das Angenehme mit dem Sauberen verbunden wurde. Wir hatten ja nur ein Waschbecken und kaltes Wasser in unserer Wohnung – erinnern Sie sich? Ab und an tat aber auch ein Bad not. Und meine Großeltern hatten eine Badewanne mit Beinen und einen gewaltigen, runden Badeofen, den man erst einmal ordentlich einheizen musste, bevor warmes Wasser aus dem Hahn sprudelte. Einige Zeit später fing es in den Eingeweiden des Ofens an zu brummen, zu summen und zu pfeifen. Dann brach plötzlich Hektik aus und es hieß: Ganz schnell das Wasser „rauslassen". Wäre sonst der Ofen explodiert? Vermutlich ja. Aber so weit haben wir es nie kommen lassen. Wir stürzten uns wie die Lemminge einer nach dem anderen ins Wasser und waren danach wieder leidlich sauber, wenigstens für eine Woche. Der Wasserschlacht ging meistens ein gemütliches Kaffeetrinken voran, mit Kuchen oder Torte oder einem „Frankfurter Kranz" vom Bäcker unten an der Ecke.

Mit der Tochter des Bäckers ging ich in eine Klasse, und wir haben so manches Kirschkern-Weitspucken veranstaltet. Die Munition stammte natürlich aus dem Stück Kirschkuchen, den wir bei einem kleinen Abstecher in die Backstube erbeutet hatten. Manchmal war's auch Quark-, Apfel- oder Stachelbeer-Kuchen, aber die hatten allesamt nicht so große Steine und eigneten sich deshalb nicht wirklich gut für derartige

Wettbewerbe. Eigentlich – Schande über mich! – mag ich auch gar keinen Kuchen. Nicht wirklich. Heute zumindest. Deftiges ist mir lieber, aber das hat nun wirklich ganz, ganz selten Kerne. Höchstens Oliven, aber die spucke ich nicht durch die Gegend. Versprochen!

Hier fanden auch meine ersten eigenständigen Shopping-Touren statt – oh Mann, klingt das albern! Also: Ich durfte für Omi einkaufen gehen. Oder „einholen", wie man hier sagte. (Ob Ulbricht damals wohl dieses meinte, als er den kryptischen Spruch von wegen „Überholen, ohne einzuholen" rausließ? Würde ja eher Sinn ergeben!) Also – ich ging „einholen", natürlich mit dem nahezu unverwüstlichen Einkaufsbeutel aus Dederon, dem Ost-Perlon. Das Stoffmuster des Einkaufsbeutels fand sich übrigens auch auf Röcken, Blusen, Regenschirmen und, wenn man Pech hatte, dem Sonntagskleid (kein Witz! Genau das ist meiner Mutter mal passiert!). Was zwei Schlüsse nahelegte: Erstens – ein gutes Muster setzte sich eben durch. Zweitens: Nichts ist wirklich übrig, man kann immer noch einen Einkaufsbeutel daraus machen!

Meinen Einkaufszettel malte ich mit Buntstiften, weil ich noch nicht schreiben oder lesen konnte. Es ging zum Bäcker, die Straße runter. Oder zu Frau Scholz, der Verkäuferin oben im Lebensmittel-Konsum am anderen Straßenende. Oder zum Gemüseladen Meschke, in dem ich einmal, ein einziges Mal eine Ananas(!) sah und von Omi erbettelte. Das muss Anfang der Siebziger gewesen sein, als die DDR-Obrigkeit die Bevölkerung kurzzeitig mit Südfrüchten ruhig stellen wollte. Danach kannte man derlei Obst nur noch aus Kochbüchern – die DDR-Verlage hatten tatsächlich den Nerv, die so zu drucken. Ganz schön mutig! Ich weiß noch, dass ich als Lehrling in der Bibliothek Kopf und Kragen (oder wenigstens ein gutes Zeugnis) riskierte, als ich meine Ausbilderin fragte, wo ich ein Buch, das mit „Man nehme eine reife Ananas …" begann, hinstellen sollte: zu den Kochbüchern? Oder doch lieber zu den utopischen Romanen? Räusper …

Meine Omi leitete ihre Einhol-Gänge zum Gemüseladen gerne ein mit „Ich spring mal schnell zu Meschke!" Mit zwei kaputten Hüftgelenken …? Kein Wunder, dass ich dann ab und zu an ihrer Stelle sprang. Wenn ich es mir heute recht bedenke … Was hatte ich in diesem Zusammenhang doch für ein unbegrenztes Vertrauen zu den Menschen und insbesondere den sozialistischen Werktätigen! Ich streckte einfach Omis Portemonnaie über die Ladentheke und bat die Verkäuferin, sich zu nehmen, was ihr zustand. Ich hoffe mal für ihr Seelenheil, dass sie dies auch tat. Und nicht mehr.

Ein größeres Unternehmen für meine Omi war der selbst gebackene Stollen in der Weihnachts-

zeit, ein Unternehmen von wahrhaft gigantischen Ausmaßen. Ich sehe sie bis heute, ein eher kleines Persönchen, in einer riesigen Plastikwanne den Teig kneten. Und die Zutaten – Mehl, Zucker, Butter, Rosinen, Orangeat, Zitronat, Marzipan usw. – wurden nicht nach Gramm, sondern gleich in Kilo gewogen. Schließlich galt es, drei Stollen liebende Familien für die gesamte Weihnachtszeit mit dem köstlichen Dauer-Gebäck zu versorgen. Endlich wurde der fertige Teig mit einem Handwagen zum Bäcker gefahren, der dann – nachdem das Tagesgeschäft vorbei war – die Stollen abwog und in seinem noch warmen Backofen fertig buk. Und dann, ja dann kam das Beste für mich: Die fertigen Stollen wurden wieder abgeholt und lagen duftend im großen Wohnzimmer herum: auf dem Klavier, auf dem Radio, auf dem Schreibtisch (ja genau! Also sozusagen auf Jaques Cousteaus Schiffsdeck!), auf dem Esstisch – einfach überall. Und – lecker! – wenn keiner im Zimmer war, konnte man heimlich die etwas verbrannten und knusprig gewordenen Rosinen aus den noch warmen Stollenlaiben pulen – natürlich ohne sich erwischen zu lassen! (Dass ich die sogenannten „Stollen" vom Discounter nach dieser frühkindlichen Prägung verachte, wird man mir nachsehen …)

Gegenüber vom Bäcker, da, wo später mal der Busbahnhof war, fuhr ich auch: allerdings Schlitten. Oder, der Einfachheit halber, rutschte ich auch einfach auf dem Hosenboden. War ja nur eine kleine Vertiefung, in die man hineinrodelte. Machte aber einen Heidenspaß. Ach ja, und meine Mini-Rodelbahn grenzte an einen Garten, der einem netten, älteren Ehepaar gehörte, die Kaninchen hielten. Ich liebte sie. Die Leute und die Kaninchen. Ein riesiger, schwarzer Rammler namens Peter – eine Seele von Mensch, äh, Kaninchen! – war mein ganz besonderer Freund. Aber auch all die Riesenschecken und wie sie alle hießen. Wie die Leute hießen, fiel mir gerade eben wieder ein: Stemmler. Ein Hoch auf Euch, Ihr Stemmlers, die Ihr vermutlich längst vergessen seid und deren Garten – wie alles andere auch – unter Asphalt und Beton verschwunden ist. Allerdings, das muss ich dann doch noch loswerden, habt Ihr mir einen fatalen Glauben vermittelt, sozusagen eine weitere frühkindliche Fehlprägung: nämlich, dass alle Kaninchen sanft und lieb und anschmiegsam sind. Wir hatten kurzzeitig mal zwei Zwergkaninchen, für die man eigentlich Kampfhundesteuer hätte zahlen müssen! Nie wieder!

Immer gerne: Göltzschtalbrücke

Es gäbe noch viel zu berichten, von Putzi, der netten Promenadenmischung (vielleicht war's auch ein Rassehund, dann bitte ich um Verzeihung! Er war jedenfalls schwarz-weiß, genau wie das Fernsehprogramm!), und hätte mich beinahe zum "Hundemenschen" werden lassen.

Vom Garten, der ein eigenes Buch wert ist und deshalb hier nur als Fernziel vorkommt. Der Weg dorthin führte vorbei am Haus von Frau Wisch, der ich die "Frohe Botschaft" brachte, nachdem meine Omi diese ausgelesen hatte. Frau Wisch hatte streichelfreundliche Katzen, weswegen ich noch einmal so gern dorthin ging. Und vermutlich wurde ich dadurch dann doch ein Katzenmensch.

Von der "Windhose", die 1971 über das Vogtland fegte und die riesigen alten Ahornbäume auf der anderen Straßenseite so weit herüberbog, dass sie fast die Fenster berührten.

Von der Göltzschtalbrücke. Nein, die kann ich nun doch nicht so einfach links liegen lassen. Die nehmen wir noch ein bisschen ausführlicher mit. Ganz auf die Schnelle ein paar Fakten: 78 Meter hoch, 574 Meter lang, vier Etagen mit 81 Bogen aus über 26 Millionen Ziegeln. 23 000 Baumstämme wurden allein zum Gerüstbau gebraucht. Die größte aus Ziegeln erbaute Brücke der Welt und nach der

Großen Chinesischen Mauer eines der größten Ziegelbauwerke überhaupt. Und natürlich der Stolz aller Vogtländer, gleich nach Sigmund Jähn. Okay, das kann ich nicht so pauschal sagen. Auf jeden Fall der Stolz der Reichenbacher, Mylauer und Netzschkauer. Gebaut von Professor Andreas Schubert. Dieser geniale Architekt hat es geschafft, eine Brücke aus Backsteinen über das Tal der Göltzsch zu spannen, die bis heute hält und aushält. 1851 fuhr der erste Zug über die fertiggestellte Brücke und seitdem fahren sie ununterbrochen. Haut Sie nicht um? Dann nehmen Sie das: Die Züge fahren bis heute ohne Geschwindigkeitsbeschränkung oder Tonnen/Last-Begrenzung, sogar die mit Neigetechnik. Da hat einer sehr dauerhaft gebaut, meiner Treu! Elbphilharmonie Hamburg, Flughafen Berlin, Stuttgart 21? Ha, träumt weiter! Und was erschwerend hinzu kommt: „Unsere Brücke" sieht – finden wir Eingeborenen alle – wunderschön aus, wie ein römisches Viadukt und funktioniert wohl auch statisch so. Die Pont du Gard in Südfrankreich ist auch schön und sieht auch so ähnlich aus. Aber ganz ehrlich und in aller Bescheidenheit, liebe Franzosen: Die Göltzschtalbrücke ist schöner! Natürlich wurde und wird hier jeder auswärtige Besuch hingeschleppt – ob er will oder nicht. Ja klar, auch die Göltzschtalbrücke hat es übrigens – wohlgemerkt nach der Wende! – auf eine gesamtdeutsche Briefmarke geschafft.

Nachzureichen wäre jetzt noch die westdeutsche Komponente, und die gibt es tatsächlich – sogar ganz in meiner Nähe: die Müngstener Brücke bei Solingen. Erbaut aus Stahl, sieht so ähnlich aus wie der Eiffelturm, und auch hier wird jeder Besuch – ob er will oder nicht … Kennen Sie ja.

Abschiedsschmerz und Sich-Erinnern

Ja, wir könnten jetzt auch gleich von hieraus zurückfahren. Durchs Göltzschtal. Aber nur, wenn Sie dieses Wort dreimal nacheinander fehlerfrei und ohne Personenschäden aussprechen können. Nicht geschafft? Dann fahren wir noch einmal zurück nach Reichenbach, um uns anständig zu verabschieden. Diesmal kommen wir über Mylau. Sie wollten es ja nicht anders. Dabei passieren wir noch die ehemalige „Renak", was die Abkürzung für „Reichenbacher Naben- und Kupplungswerke" war. Früher gehörte der Laden Fichtel und Sachs – ja genau, die bucklige Verwandtschaft vom verblichenen Playboy Gunter Sachs. In diesem für eine Kleinstadt sehr großen Fabrikgebäude hatten wir „PA". Oder „ESP". Ziemlich furchtbare Schulfächer, die eigentlich keine waren. „PA" hieß „Produktive Arbeit". Und „ESP"

„Einführung in die sozialistische Produktion". Was es da einzuführen gab? Da fragen Sie mich zu viel. Das eine war die Theorie (ich lernte zum Beispiel, was „spanabhebende Verfahren" sind! Das brauchte man beinahe täglich! Zum Beispiel, wenn der zweite Gang beim Trabi nicht reinging!), das andere die leidvolle Praxis. Was bedeutete: In den höheren Klassen wurden die Herren und Damen Schüler für einen Tag in der Woche „in die Produktion" geschickt. Um sie mit den Höhen und vor allem den Tiefen des Arbeitslebens bekannt zu machen. Damit wir nicht zu intellektuell wurden und auf dumme, unsozialistische Gedanken kamen. Kamen wir natürlich doch. Haben Sie mal acht Stunden lang „Gewindekontrolle" gemacht? Das war mein absoluter Traumjob! Einen Schraubenzieher mit Gewinde in die Hand, und dann wurden Muttern geprüft, bis der Arzt kam. Intellektuell nur bedingt anspruchsvoll: Ging oder ging nicht. Die Guten ins Töpfchen, die Schlechten – in den Eimer mit dem Ausschuss. Wer da nicht spätestens nach einer Stunde auf dumme Gedanken kam …! Im Prinzip war's unbezahlte Arbeit, nennen wir ruhig die Dinge mal beim Namen. Wir bedienten als Ungelernte riesige Maschinen, die am anderen Ende irgendwas für Fahrräder und Kupplungen ausspuckten. Oder prüften eben Gewinde, montierten Kugellager … Damit nicht zu sehr gefaulenzt wurde, bekamen wir für unser segensreiches

Tun Zensuren, die dann ganz unschuldig zwischen „Mathe" und „Geografie" auf dem Zeugnis standen. Aber immerhin hatten wir es mit der metallverarbeitenden Industrie noch ganz gut getroffen. Schüler aus landwirtschaftlicheren Gegenden durften auf Zensuren Ställe ausmisten – und rochen dann für den Rest der Woche danach. Ich duftete wenigstens nur nach heißem Maschinenöl. Trotzdem: Bis heute wird mir übel von dem Geruch …

Gut, aber auch das haben wir jetzt hinter uns. In jeder Hinsicht. Da sind wir wieder. Schauen noch einmal im Geiste vom Balkon meiner Großeltern – und ganz viele nicht erzählte Geschichten, Menschen, Augenblicke tanzen in meinem Kopf durcheinander wie bei einem bunten Straßenumzug. Da vorn, ja, da stand ein riesiger Schornstein, der Ende der 90er unter großer Anteilnahme der Bevölkerung gesprengt wurde. Und da unten wohnte Putzi, eine nette Promenadenmischung, die …

Aber nein, das hatten wir schon. Und bevor ich Ihnen alles zum zweiten Mal erzähle, packen wir jetzt unsere „Pieselotten", wie mein Mann sagt, und machen uns auf den Heimweg. Denn zu Hause ist da, wo man uns liebt. Also bin ich glücklich dran – ich habe zwei davon.

Meine Geschichten begannen mit einem Zitat, und wer mich kennt, der weiß, dass ich Ihnen auch am Ende eins aufs Auge drücke. Diesmal ist es keins von Erich Kästner (was mir schwer fällt!), sondern von der italienischen Journalistin Franca Magnani: „Wer sich gern erinnert, lebt zweimal." Da hat sie irgendwie recht, die Frau Magnani.

Und wer sich gern erinnert, obwohl nicht alles glatt lief und gut war, lebt gesünder. Das ist von mir.

Und jetzt? Jetzt müssen wir mal langsam wieder zurück dahin, von wo wir vor einigen Seiten losgezogen sind. Oder möchten Sie vielleicht lieber hier bleiben? Geht durchaus – Urlaub machen kann man hier nämlich auch sehr schön, zum Beispiel an der Talsperre Pöhl in der Vogtländischen Schweiz. Die gibt's auch! Falls Sie aber mit zurückfahren möchten, sollten wir jetzt los. Vorbei am Weg, der zum Garten führte, den steilen Friesener Berg hinunter, weiter quer durch Thüringen, vorbei an der Wartburg … Ich bin nur froh, dass ich nicht laufen muss wie damals mein Opa. Aber das wissen Sie ja nun schon …

Bonusmaterial:
Noch mehr von mir gibt's bei Bedarf unter
www.katrins-wortmalerei.de

Martin Gundlach (Hrsg.)

Wir waren immer viele
Die geburtenstärksten Jahrgänge 1964–67 werden 50

Die geburtenstärksten Jahrgänge werden 50! Und mit diesem Buch haben Sie das ideale Geschenk für die Geburtstagsfeier bereits gefunden! Die Jahrgänge zwischen 1964 und 1967 gehören zu den geburtenstärksten in Deutschland und „waren immer viele"! 14 Frauen und Männer ziehen eine Zwischenbilanz und schreiben über ihr Lebensgefühl als (fast) Fünfziger. Mit Beiträgen von Torsten Hebel, Michael Diener, Katrin Schäder, Doro Zachmann u. v. a.

Gebunden, 13,5 x 20,5 cm, 176 S.
ISBN: 978-3-7893-9670-0

Christof Klenk
Winnetou am Wickeltisch
Abenteuer eines Vollblutpapas

Herzlich willkommen bei Familie Klenk. Familienalltag hautnah und ehrlich – das beschreibt die Kolumne von Christof Klenk. Mit Wortwitz und Humor bringt Klenk die Familienerlebnisse auf den Punkt und nimmt dabei das eine oder andere Thema kräftig auf die Schippe.

Jetzt sind endlich alle Texte in einem Sammelband erhältlich. Besonders für Family-Leser, aber auch wer sie noch nicht kennt, schließt die Familie schnell ins Herz.

Gebunden, 11,5 x 18,5 cm, 200 S., mit Lesebändchen
ISBN: 978-3-7751-5523-6